সময়টা একেবারে অদ্ভুত!

সময়ের অদ্ভুত স্বভাব

ডেভিড ই. ম্যাকঅ্যাডামস

সূচিপত্র

অধ্যায় ১ – সময় কী?

কল্পনা কর, তুমি একটি লম্বা সুড়ঙ্গের ভেতর দাঁড়িয়ে আছ। সুড়ঙ্গের দেয়াল জুড়ে তোমার জীবনের দৈনন্দিন ঘটনাগুলো আছো সামনে তাকালে সবকিছু ঝাপসা আর অন্ধকার লাগে, যত দূরে তাকাও, ততই বেশি ঝাপসা, ততই বেশি কালচে। কিন্তু তোমার ডান-বাম পাশে জিনিসগুলো স্পষ্ট, সহজে দেখা যায়। আর পেছনে তাকালে সবকিছু ধীরে ধীরে ধূসর ছায়ায় মিলিয়ে যেতে থাকে। এই সুড়ঙ্গটা সময়ের মতো।

ইলাস্ট্রেশন 1: সুড়ঙ্গের মতো সময়

আমরা কখনও কখনও ভবিষ্যতের একটুখানি আন্দাজ করতে পারি, কিন্তু যত দূরের ভবিষ্যৎ দেখতে চাই, ততই নিশ্চিত হওয়া কঠিন হয়ে যায়। আবার আমরা অতীত মনে রাখতে পারি, কিন্তু সময় গড়ালে স্মৃতিগুলোও কম স্পষ্ট হয়।

তাহলে সময় কী? **সময় হলো সেই প্রবাহ, যা আমাদের অতীত থেকে বর্তমান পেরিয়ে ভবিষ্যতের দিকে নিয়ে যায়**। আমরা সময়ের ভেতরেই বাস করি, কিন্তু সময়কে দেখা যায় না। আমরা বুঝি সময় আছে, কারণ ঘটনাগুলো একটার পর একটা ঘটতে আমরা অনুভব করি। যা হয়ে গেছে, তা আমরা মনে রাখি; যা এখন ঘটছে, তা আমরা বাঁচি; আর এরপর কী হতে পারে, তা আমরা কল্পনা করি।

ইলাস্ট্রেশন 2: স্থানের দিকগুলো

আমরা একই সঙ্গে স্থান এবং সময়, দুটিতেই বাস করি। স্থানের তিনটি মাত্রা আছে: সামনে–পেছনে, ডানে–

বামে, আর ওপরে–নিচে। সময় যোগ হলে হয় চতুর্থ মাত্রা: অতীত থেকে ভবিষ্যতের পথে চলার সেই পথটা।

সময়ের স্বভাব

সময়ের দিক

স্থান আর সময়ের মধ্যে একটি গুরুত্বপূর্ণ পার্থক্য হলো, স্থান সর্বমুখী (সব দিকে যায়) আর সময় একমুখী (শুধু একদিকে যায়)।

যখন আমরা বলি স্থান সর্বমুখী, তখন আমরা বলি, যেকোনো দিকে যেতে পারি। আমরা সামনে যেতে পারি বা পেছনে; ডানে বা বামে; ওপরে বা নিচে। এমনকি সামনের একটু বাঁ দিকে আর নিচের দিকেও যেতে পারি। কিন্তু সময় একমুখী। আমরা কেবল সময়ের মধ্যে সামনের দিকেই চলতে পারি। *পৃষ্ঠা 64-এ থাকা **সময়ের উল্টো দিকের কার্যক্রম** -টা চেষ্টা করে দেখো।*

ইলাস্ট্রেশন 3: সময় একমুখী

সময় কখনও থামে না

স্থানের মধ্যে আমরা থেমে দাঁড়াতে পারি। কিন্তু সময়কে থামানো যায় না। আমরা চাই বা না চাই, সময় চলতেই থাকে। আমাদের কোনো উপায় নেই, সময়ের স্রোতের সঙ্গে ভেসে ভবিষ্যতের দিকে এগোতেই হয়।

এভাবে করো: বলো, "এখনকার আগে যা কিছু, সবই অতীত।" কিন্তু তুমি "এখন" বলামাত্রই, সেই "এখন"-টা অতীতে চলে যায়! তুমি "এখনকার আগে যা কিছু, সবই অতীত", এই বাক্যটা বারবার বলতে পারো (বিশেষ করে "এখন" শব্দটায় জোর দিয়ে), কিন্তু প্রতিবার "এখন" বলার সঙ্গে সঙ্গেই সেটা ইতিমধ্যেই অতীত। *পৃষ্ঠা 66-এ থাকা **স্থির-সময় কার্যক্রমটা** চেষ্টা করে দেখো।*

ইলাস্ট্রেশন 4: সময় থামানো যায় না

সময়ের গতি

ইলাস্ট্রেশন 5: সময়ের গতি

কখনও কখনও মনে হয় সময় কচ্ছপের মতো হামাগুড়ি দিচ্ছে, আবার কখনও মনে হয় সময় দৌড়ে চলে যাচ্ছে। কিন্তু এটা আমাদের সময় সম্পর্কে অনুভূতি, সময়ের আসল স্বভাব নয়। সময়ের ভেতর দিয়ে আমরা কত দ্রুত চলব, সেটা আমরা ঠিক করতে পারি না। কিন্তু স্থানের মধ্যে আমরা ঠিক করতে পারি, কত দ্রুত চলব, কোন দিকে যাব, এমনকি চলব কি না। সময় কিন্তু একই গতিতে এগোয়, আমরা যা-ই করি না কেন। সময় তার নিজের গতিতেই চলতে থাকে, আমাদের জন্য অপেক্ষা করে না। *পৃষ্ঠা 79-এ থাকা '**সময় সম্পর্কে উপলব্ধি অন্বেষণ করো** কার্যক্রমটা করে দেখো।*

সময়কে ধারাবাহিক মনে হয়

অনেক বিজ্ঞানী মনে করেন, স্থান আর সময় মিলে একটি **ধারাবাহিকতা** গঠন করে। এর মানে, এক মুহূর্ত থেকে পরের মুহূর্তে যাওয়ার পরিবর্তনটা মসৃণভাবে ঘটে, ছোট ছোট ধাপে নয়। যদি সময় সত্যিই ছোট ছোট "লাফে" এগোয়, সেই লাফগুলো এতটাই ক্ষুদ্র যে আমরা টেরই পাই না।

এটা বোঝাতে সিনেমার উদাহরণ দেওয়া যায়। সিনেমা আসলে অনেকগুলো স্থির ছবি খুব দ্রুত একটার পর একটা দেখায়। আমাদের মস্তিষ্ক ছবিগুলোকে একসঙ্গে মিশিয়ে দেয়, তাই দৃশ্যটা মসৃণ ও ধারাবাহিক মনে হয়।

আসলে ছবিগুলো, যেগুলোকে ফ্রেম বলা হয়, একটার সঙ্গে আরেকটার মাঝে ছোট্ট ফাঁক থাকে। এটা হলো বিচ্ছিন্ন (ডিসক্রিট) প্রবাহ। কিন্তু সময়কে আমরা দেখছি, ঘটনার একটানা প্রবাহ হিসেবে, যেন মাঝখানে কোনো ফাঁক নেই।

কোয়ান্টাম সময়: সময় বিচ্ছিন্নও হতে পারে

কোয়ান্টাম সময় বুঝতে হলে আগে **কোয়ান্টাম জগতের** কথা বলতে হবে। "কোয়ান্টাম জগত" বলতে বোঝায়, আমাদের এই একই পৃথিবী, কিন্তু অত্যন্ত ক্ষুদ্র স্কেলে, যেখানে পদার্থ আর শক্তির ক্ষুদ্রতম কণাগুলো থাকে। এই স্কেলে সময় আমাদের পরিচিত নিয়মে আচরণ করে না। সময় যেন শুরু–শেষসহ একটি স্থির নদীর মতো বয়ে যায়,

এমন নাও হতে পারে। বরং কোয়ান্টাম জগতে সময় আচরণ করতে পারে ক্ষুদ্র ক্ষুদ্র ঝলকের মতো, স্ট্রোব লাইটের টিমটিমের মতো। *পৃষ্ঠা 68-এ থাকা **বিচ্ছিন্ন সময় কার্যক্রমটা** চেষ্টা করে দেখো।*

অনেক বিজ্ঞানী প্রস্তাব করেন, কোয়ান্টাম জগতে সময় "দেখা দেয়" তখনই, যখন ক্ষুদ্রতম কণাগুলো একে অপরের সঙ্গে **জড়িয়ে যায়**। জড়িয়ে যাওয়া মানে, দুটি কণা এমনভাবে যুক্ত হয়ে পড়ে যে একটির আচরণ অন্যটিকে তৎক্ষণাৎ প্রভাবিত করে, তারা অনেক দূরে থাকলেও। এতে সেই পুরোনো ধারণা চ্যালেঞ্জ হয় যে "কারণ" সব সময় পরিষ্কারভাবে "ফল"-এর আগেই ঘটতে হবে।

কোয়ান্টাম জগতে কণাগুলোকে মনে হতে পারে, তারা যেন অস্তিত্বে আসে আবার মিলিয়েও যায়। বিজ্ঞানীরা মনে করেন, এই স্কেলে সময় সুশৃঙ্খলভাবে, এক সেকেন্ডের পর আরেক সেকেন্ড, এভাবে সামনের দিকে হাঁটে না। বরং ঘটনা ঘটতে পারে এক ধরনের ঝাপসা কুয়াশার মধ্যে, যেখানে কোনটা আগে আর কোনটা পরে, বোঝা কঠিন।

কোয়ান্টাম মেকানিক্সের কিছু ব্যাখ্যা বলে, অতি ক্ষুদ্র কণার "একটিমাত্র, পরিষ্কার ইতিহাস" নাও থাকতে পারে। বরং একই সময়ে অনেক সম্ভাবনা পাশাপাশি থাকতে পারে। একটি কোয়ান্টাম কণা যেন একাধিক সময়রেখায় ছড়িয়ে থাকতে পারে, এবং তাতে তৈরি হতে পারে ভিন্ন ভিন্ন মহাবিশ্ব, যেখানে ভিন্ন ভিন্ন ঘটনা ঘটছে।

জড়িয়ে যাওয়া সময়কে আরও অদ্ভুত করে। কল্পনা কর, অণুবীক্ষণিক এক মাঠে ইউরোপীয় ফুটবল (সকার) খেলা চলছে। একটা বল বাতাসে উড়ছে। পা দিয়ে লাথি মেরে কি বলটাকে উড়িয়ে দেওয়া হলো? নাকি বলটা উড়ে যাওয়াই পাকে লাথি মারতে "বাধ্য" করল? নাকি দুটোই একসঙ্গে ঘটল, এমন কোনো কারণে যা আমরা এখনও পুরোপুরি বুঝি না, অথবা হয়তো কোনো কারণই নেই? কোয়ান্টাম জগতে "কখন" কোনো কিছু ঘটে, এটা ঠিকঠাকভাবে চিহ্নিত করা খুব কঠিন হয়ে যায়।

সময় কি শুধু আছে, নাকি কোনো কিছুর কারণে তৈরি হয়?

বিজ্ঞানীরা এখনও খুঁজে দেখছেন, সময় কি নিজে নিজেই অস্তিত্বশীল, নাকি অন্য কিছু সময়কে তৈরি করে। কিছু পদার্থবিদ মনে করেন, আমরা যেভাবে সময়কে অনুভব করি, তা হয়তো আসলে ঘটনাগুলোকে সাজিয়ে রাখার "সত্যিকারের ব্যবস্থা" নয়। বরং ক্ষুদ্র কণাগুলোর পারস্পরিক ক্রিয়া, এই সবকিছুর নির্মাণ-উপাদান, সময়ের প্রবাহ তৈরি করতে পারে।

এইভাবে ভাবলে, সময় এমন নয় যেন একটা ফাঁকা কাগজ, যেখানে ঘটনাগুলো পরপর করে আঁকা হয়। বরং সময় হলো আঁকাটাই, মহাবিশ্ব বদলাতে বদলাতে যে ছবি ধীরে ধীরে তৈরি হচ্ছে। প্রতিটি নতুন ঘটনা,

প্রতিটি নড়াচড়া, প্রতিটি পরিবর্তন, আঁকায় নতুন রেখা বা নতুন আকার যোগ করে।

যদি এই ধারণা ঠিক হয়, তাহলে সময় কোনো মঞ্চের মতো আমাদের চারদিকে আগে থেকেই সাজানো নেই। সময় এমন কিছু, যা মহাবিশ্বের সঙ্গে সঙ্গে বাড়ে, খুলতে থাকে, এগোতে থাকে।

সময় অসীম মনে হয়

সময় যেন শেষ না হওয়া পথ, অসীম। তুমি সময়ের মধ্যে দুটি বিন্দু বেছে নিলেও, তাদের মাঝখানে সবসময় আরেকটি বিন্দু পাওয়া যায়। (ইলাস্ট্রেশন ২ দেখো।) যেমন, যদি তোমার কাছে A আর B বিন্দু থাকে, তাহলে তাদের মাঝে কোথাও না কোথাও C নামের একটি বিন্দু থাকবেই।

ইলাস্ট্রেশন 6: সময়ের বিন্দু

ইলাস্ট্রেশন 7: আরও সময়ের বিন্দু

এবার যদি তুমি *A* আর *C* বিন্দুর দিকে "জুম ইন" করো, দেখবে তাদের মাঝেও আরেকটি বিন্দু আছে। সেটাকে *D* বলি। আবার *A* আর *D*-র মাঝখানে জুম ইন করলে আরও একটি বিন্দু পাবে, ধরা যাক, *F*।

ইলাস্ট্রেশন 1: সময়ের আরও বেশি বিন্দু

যখন যেকোনো দুই বিন্দুর মাঝখানে সবসময় আরেকটি বিন্দু থাকে, তখন আমরা বলি সেটি **ধারাবাহিক**। যদি দুই বিন্দুর মাঝে ফাঁক থাকে, তাকে বলি **অধারাবাহিক** । আর যদি প্রতিটি জোড়া বিন্দুর মাঝেই সবসময় ফাঁক থাকে, তাকে বলি **বিচ্ছিন্ন/ডিসক্রিট** ।

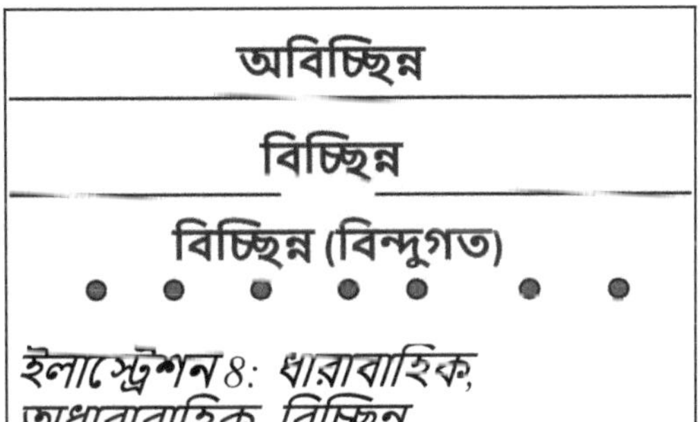

ইলাস্ট্রেশন 8: ধারাবাহিক, অধারাবাহিক, বিচ্ছিন্ন

সময়ের কি শুরু বা শেষ আছে?

বিজ্ঞানীরা বহুদিন ধরে ভাবছেন, সময়ের নিজের কি কোনো শুরু আছে, বা কোনো শেষ? এটা আমাদের সামনে থাকা সবচেয়ে বড় রহস্যগুলোর একটি, যেন বিশাল সমুদ্রের ধারে দাঁড়িয়ে ভাবা, দিগন্তের ওপারে আর কোনো তীর আছে কি না।

বেশির ভাগ বিজ্ঞানী মনে করেন, আমরা যে সময়কে চিনি, তা শুরু হয়েছিল প্রায় ১৩.৮ বিলিয়ন বছর আগে, বিগ ব্যাং-এর সঙ্গে। কল্পনা কর, একটা বেলুন চুপচাপ পড়ে আছে, চ্যাপ্টা, ফাঁকা। বিগ ব্যাং-এর মুহূর্তটা ছিল যেন বেলুনের ভেতর প্রথম বাতাস ঢোকার ফুঁ, যা স্থান আর সময়, দুটোকেই একসঙ্গে টেনে প্রসারিত করে দিল। সেই আগের "মুহূর্তে" হয়তো কোনো টিকটিক ঘড়ি ছিল না, সেকেন্ডের কোনো নদী ছিল না, আমরা যাকে সময় বলে চিনব, তেমন কিছুই হয়তো ছিল না।

ইলাস্ট্রেশন 9: বিগ ব্যাং, শিল্পীর কল্পিত ছবি

যদি বিগ ব্যাং-এর আগেও সময় থেকে থাকে, আধুনিক বিজ্ঞানের কাছে এখন তার কোনো নিশ্চিত উপায় নেই বোঝার। হাবল টেলিস্কোপের মতো দূরবীন অনেক দূরের জিনিস দেখতে পারে। আলোকে অনেক দূর থেকে আসতে সময় লাগে বলে, দূরবীনে তাকানো মানে একটু যেন অতীতে উঁকি দেওয়া। জ্যোতির্বিজ্ঞানীরা প্রাচীন মহাবিশ্ব কেমন ছিল তার ছবি আরও পরিষ্কারভাবে পাচ্ছেন। কিন্তু বিগ ব্যাং-এর "ওপারে" দেখা যায় না। বিগ ব্যাং-এর আগে মহাবিশ্ব কেমন ছিল, বা আদৌ ছিল কি না, তার কোনো প্রমাণ নেই।

কিন্তু সময়ের শেষ? কিছু বিজ্ঞানী মনে করেন সময় একটা মোমবাতির মতো: কিছুক্ষণ স্থিরভাবে জ্বলবে, তারপর একদিন টিমটিম করে নিভে যাবে। যদি মহাবিশ্ব চিরকাল প্রসারিত হতে থাকে, গ্যালাক্সিগুলো একে অপরের থেকে আরও দূরে সরে যাবে, অন্ধকার, সীমাহীন সাগরে একা একা জাহাজের মতো। তারা নিভে যাবে, নক্ষত্রের আলো ফুরিয়ে যাবে, মহাবিশ্ব ঠান্ডা ও নীরব হয়ে পড়তে পারে। এই ভবিষ্যৎকে বলা হয় "হিট ডেথ", যেখানে কিছুই আর ঘটবে না বলে সময়ের "অর্থ"ও নাকি ফিকে হয়ে যেতে পারে: আলো নেই, উষ্ণতা নেই, জীবন নেই, মুহূর্ত গোনার কোনো চিহ্ন নেই।

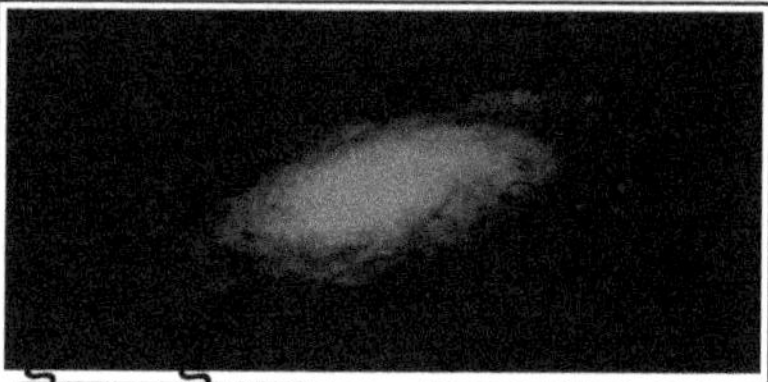

ইলাস্ট্রেশন 10: সময়ের শেষ প্রান্তে মৃত গ্যালাক্সি

আরও কিছু ধারণা বলে, সময় হয়তো নিজেই ভেঙে পড়তে পারে। যদি কখনও মহাবিশ্বের প্রসারণকে মাধ্যাকর্ষণ হার মানায়, তাহলে সেটা হতে পারে বিশাল এক ওক গাছ নিজের ভারে নুয়ে পড়ে যাওয়ার মতো। মহাবিশ্ব সঙ্কুচিত হয়ে পড়তে পারে "বিগ ক্রাঞ্চ"-এ, আর সময়ও শেষ হতে পারে তেমনই নিশ্চিতভাবে, যেমন একদিন সে জন্মেছিল।

আবার কিছু বিজ্ঞানী ভাবেন, সময় হয়তো এক ধরনের লুপ, নিজের দিকেই ফিরে আসে, লেজ গিলে খাওয়া সাপের মতো। এই ধারণায়, এক মহাবিশ্বের শেষ অন্য এক মহাবিশ্বের শুরু জ্বালিয়ে দিতে পারে, আর সময় নতুন করে শুরু হতে পারে। এটাকে ভাবতে পারো ইয়ো-ইয়ো-র মতো। তুমি ইয়ো-ইয়োটাকে ছুঁড়ে দিলে এটা দূরে যায়, তারপর টান খেয়ে ফিরে আসে। আবার ছুঁড়ে দিতে পারো, আবার ফিরে আসবে।

সত্যিটা হলো, আমরা এখনও জানি না। হয়তো কখনও পুরোপুরি জানতেও পারব না। সময় যেন এক বিশাল বই, আমরা পাতায় পাতায় পড়ছি, কিন্তু সামনের পাতা উল্টে দেখে নেওয়ার অনুমতি নেই, গল্পটা কীভাবে শেষ হবে, বা আদৌ শেষ হবে কি না।

এখান থেকে সময় আরও অদ্ভুত হতে শুরু করে। কিন্তু তার আগে, চলো দেখি, আমরা সময় মাপি কীভাবে।

অধ্যায় ২ – আমরা সময় মাপি কীভাবে?

সময় মাপার ইতিহাস

ইলাস্ট্রেশন 11: পৃথিবীর হেলান

মানব সভ্যতার শুরুর দিনগুলোতে মানুষ সময় মাপত এমন সব ঘটনা দেখে, যা সবাই চোখে দেখতে পেত। ঋতু বদলাতে দেখেই বোঝা যেত এক বছর কেটে গেছে। ঋতু বদলায়, কারণ পৃথিবী সূর্যকে ঘিরে নিজের পথে ঘুরতে ঘুরতে একটু হেলে থাকে।

যখন আমাদের পৃথিবীর অংশটা (আমাদের অর্ধগোলক) সূর্য থেকে বাঁ দিকে ঝুঁকে যায়, তখন শীত। আর যখন সূর্যের দিকে ঝুঁকে আসে, তখন গ্রীষ্ম। শীত, বসন্ত, গ্রীষ্ম, শরৎ, প্রতি বছর একবার করে আসে।

ইলাস্ট্রেশন 12: ইয়ো-ইয়োর মতো মহাবিশ্ব

আরও অনেকে সময় ধরত চাঁদ দেখে। এক অমাবস্যা থেকে পরের অমাবস্যা পর্যন্ত সময়টাকে। অমাবস্যা হলো সেই সময়, যখন চাঁদের যে অংশটা আমরা দেখি, সেটি সূর্যের আলোয় আলোকিত থাকে না। এই সময়কালকে বলা হয় চন্দ্রমাস।

মানুষের জ্ঞান বাড়তে থাকলে প্রাচীন জ্যোতির্বিদরা আরও যত্ন করে আকাশ দেখলেন।

তারা খেয়াল করলেন, দিনের দৈর্ঘ্য একটি নিয়ম মেনে বদলায়। তাই তারা বছরে চারটি "মাপার মতো দাগ" ঠিক করলেন: **শীত অয়নান্ত**, **গ্রীষ্ম অয়নান্ত**, **বসন্ত বিষুব**, আর **শরৎ বিষুব**।

শীত অয়নান্ত হলো বছরের সবচেয়ে ছোট দিন, আর গ্রীষ্ম অয়নান্ত সবচেয়ে বড়। বসন্ত বিষুব হলো বসন্তের সেই দিন, যখন দিন আর রাত প্রায় সমান হয়, আর শরৎ বিষুবও শরতে একই ভারসাম্য দেখায়। প্রাচীন জ্যোতির্বিদরা "এক বছর" ধরতেন, একটি অয়নান্ত বা বিষুব থেকে ঠিক পরের একই অয়নান্ত বা বিষুব পর্যন্ত সময়কে; যেমন শীত অয়নান্ত থেকে পরের শীত অয়নান্ত পর্যন্ত।

আমরা সময় মাপি চারপাশের পরিবর্তন দেখে। যেমন, এক দিন হলো এক সূর্যাস্ত থেকে পরের সূর্যাস্ত পর্যন্ত সময়। এতে বোঝা যায়, সূর্য আবার আকাশে একই অবস্থানে ফিরতে যত সময় লাগে।

প্রাচীন মিশরীয়রা প্রথম দিনকে ২৪ ঘণ্টায় ভাগ করেন। কিন্তু আমরা যেভাবে ভাবি "দিন মানেই ঠিক ২৪ ঘণ্টা", বাস্তবে ব্যাপারটা এত নিখুঁত নয়। কারণ পৃথিবীর গতি বেশ জটিল। পৃথিবী নিজে ঘোরে, আবার একই সঙ্গে সূর্যকে ঘিরে কক্ষপথে এগিয়েও যায়। এই "এগিয়ে যাওয়া"র কারণে, দূরের নক্ষত্রের তুলনায় একবার পুরো ঘুরে এলেও, পরের দিন সূর্যকে আকাশে একই জায়গায় আনতে পৃথিবীকে একটু আরও ঘুরতে হয়।

পৃথিবী যদি কক্ষপথে এগোত না, তাহলে একবার পুরো ঘুরতে লাগত প্রায় ২৩ ঘণ্টা ৫৬ মিনিট ৪ সেকেন্ড, একে বলে নাক্ষত্রিক দিন, যা দূরের নক্ষত্রের অবস্থান দিয়ে মাপা হয়। কিন্তু পৃথিবী প্রতিদিন কক্ষপথে প্রায় ১ ডিগ্রি এগিয়ে যায় বলে, সূর্যকে আকাশে একই জায়গায় ফেরাতে প্রায় আরও চার মিনিট বাড়তি ঘূর্ণন লাগে। এতে তৈরি হয় সৌর দিন (solar day), আমাদের ঘড়ির "দিন", যা প্রায় ২৪ ঘণ্টার কাছাকাছি।

তারপরও সারা বছর সৌর দিনের দৈর্ঘ্য অল্প করে বদলায়। কারণ পৃথিবীর কক্ষপথ নিখুঁত বৃত্ত নয়, এটা ডিম্বাকৃতি, আর পৃথিবীর অক্ষও হেলে আছে। এই কারণগুলো সৌর দিনের দৈর্ঘ্যে ছোট ছোট পরিবর্তন আনে। সময়কে একরকম রাখতে আমরা ধরি গড় সৌর দিন মানে এক বছরের সব সৌর দিনের গড়, যার দৈর্ঘ্যকে ঠিক ২৪ ঘণ্টা বলে সংজ্ঞায়িত করা হয়।

তাই ঘড়ির সহজ "টিক-টিক" শব্দের আড়ালে লুকিয়ে থাকে এক সূক্ষ্ম নাচ: পৃথিবীর ঘূর্ণন আর সূর্যকে ঘিরে তার যাত্রা, নীরব, কিন্তু থেমে নেই। আর সময় মাপার নিয়মগুলো সেই নাচের সঙ্গে তাল মিলিয়েই চলে।

আজ আমরা বলি, এক ঘণ্টা হলো গড় সৌর দিনের ১/২৪ অংশ, এক মিনিট হলো এক ঘণ্টার ১/৬০ অংশ, আর এক সেকেন্ড হলো এক মিনিটের ১/৬০ অংশ। তবে সবচেয়ে নিখুঁত বৈজ্ঞানিক কাজের জন্য এই পুরোনো ভাগগুলোও যথেষ্ট "অতি-অতি নির্ভুল" নয়।

কেন ৬০ সেকেন্ড? কেন ৬০ মিনিট? কেন ২৪ ঘণ্টা?

সময়কে দেখলে মনে হয় সে প্রকৃতির তালে হাঁটে। কিন্তু আমরা যেভাবে তাকে মাপি, সেখানে আছে প্রাচীন মানুষের সিদ্ধান্ত, চতুর অঙ্ক, আর এক চিমটি রহস্য।

শুরু করি দিন দিয়ে। পৃথিবী প্রায় প্রতি ২৪ ঘণ্টায় একবার ঘোরে, এই ঘোরা থেকেই রাত-দিন। তাই দিনকে ২৪ ভাগ করা মোটামুটি যুক্তিযুক্ত। কিন্তু ২৪ কেন? ১০, ২০, বা ১০০ কেন নয়?

এর উত্তর পেতে আমাদের যেতে হবে হাজার হাজার বছর আগে, প্রাচীন ব্যাবিলনে (আজকের ইরাক অঞ্চলে)। ব্যাবিলনীয়রা ৬০ সংখ্যাটা খুব পছন্দ করত। আমরা যেমন ১০ ধরে গুনি, তারা ব্যবহার করত ৬০ ভিত্তিক সংখ্যা পদ্ধতি, একে বলে ষাটভিত্তিক ব্যবস্থা। ৬০ তাদের কাছে "দারুণ" ছিল, কারণ ৬০-কে ২, ৩, ৪, ৫, ৬, অনেক সংখ্যায় ঠিকঠাক ভাগ করা যায়। ভাগাভাগি করার জন্য এটা ছিল একেবারে সুপার-হিরো সংখ্যা!

তাই পরে যখন সূর্যঘড়ির নির্মাতা, জ্যোতির্বিদ, আর সময় মাপার মানুষরা সময়কে টুকরো করতে চাইলেন, তারা ব্যাবিলনীয়দের সেই ধারণা ধার করলেন। এক ঘণ্টাকে ভাগ করলেন ৬০ মিনিটে, আর এক মিনিটকে ভাগ করলেন ৬০ সেকেন্ডে। এই জন্যই তোমার ঘড়ি ক্যালকুলেটরের মতো দশমিক নিয়মে চলে না।

আর দিনে ২৪ ঘণ্টা, এই ধারণাটা হয়তো এসেছে মিশরীয়দের কাছ থেকে। তারা সূর্যঘড়ি দিয়ে দিনকে ১০ ভাগে ভাগ করত, তারপর ভোর আর সন্ধ্যার জন্য আরও ২ ঘণ্টা যোগ করে করত ১২। রাতকেও তারা তারা দেখে ১২ ভাগে ভাগ করত। যোগ করো: দিনের ১২ + রাতের ১২ = মোট ২৪ ঘণ্টা।

তাই পরেরবার সময় দেখার সময় মনে রেখো: তোমার ঘড়ির সংখ্যাগুলো এসেছে তারা-দেখা মানুষ, সূর্যঘড়ি বানানো কারিগর, আর অঙ্ক ভালোবাসা মানুষের কাছ থেকে, হাজার হাজার বছর আগের! তোমার পকেটে (বা কবজিতে) আছে এক টুকরো প্রাচীন ইতিহাস।

বিজ্ঞানীরা সময়কে কীভাবে সংজ্ঞায়িত করেন

মানব ইতিহাসের বেশির ভাগ সময় মানুষ প্রকৃতি দেখে সময় মাপত, সূর্যের চলন, ঋতুর বদল, তারার ওঠা-ডোবা। এক দিন ধরা হতো এক সূর্যোদয় থেকে পরের সূর্যোদয় পর্যন্ত, এক বছর ধরা হতো এক বসন্ত থেকে পরের বসন্ত পর্যন্ত। দৈনন্দিন জীবনের জন্য এগুলো ঠিক ছিল, কিন্তু বিজ্ঞানের জন্য যথেষ্ট নিখুঁত ছিল না।

প্রযুক্তি উন্নত হলে বিজ্ঞানীরা চাইলেন সময় মাপার এমন সংজ্ঞা, যা অনেক বেশি নির্ভুল হবে, আর যেটা পৃথিবীর যেখানেই, যেকোন সময়েই একই থাকবে।

শুরুতে বিজ্ঞানীরা সেকেন্ডকে সংজ্ঞায়িত করলেন, এক দিনকে ভাগ করে। দিন ২৪ ঘণ্টা, ঘণ্টা ৬০ মিনিট, মিনিট ৬০ সেকেন্ড, তাই ১ সেকেন্ড = ১/৮৬,৪০০ দিন। কিন্তু পরে দেখা গেল, পৃথিবীর ঘূর্ণনের হার সামান্য সামান্য বদলায়। শুধু তাই নয়, পৃথিবীর ঘূর্ণন প্রতি বছর অতি ক্ষুদ্র মাত্রায় ধীরও হয়। ফলে পৃথিবীর গতি ধরে “সেকেন্ড” বানানো পুরোপুরি নির্ভরযোগ্য নয়।

ইলাস্ট্রেশন 13: সিজিয়াম–১৩৩-এর কম্পন

তাই ১৯৬৭ সালে বিজ্ঞানীরা পরমাণুর সাহায্যে আরও ভালো সংজ্ঞা বানালেন। পরমাণু হলো সবকিছুর ক্ষুদ্র নির্মাণ-ইট। তারা বেছে নিলেন সিজিয়াম–১৩৩ পরমাণু, কারণ এটি খুব স্থির ছন্দে কম্পিত হয়। সঠিক অবস্থায় একটি সিজিয়াম পরমাণু প্রতি সেকেন্ডে ঠিক ৯,১৯২,৬৩১,৭৭০ বার কম্পন দেয়।

তাই আজ, এক সেকেন্ডকে অফিসিয়ালি সংজ্ঞায়িত করা হয়, নির্দিষ্ট শর্তে সিজিয়াম–১৩৩ পরমাণুর ৯,১৯২,৬৩১,৭৭০টি কম্পন হতে যত সময় লাগে। এই পদ্ধতি ভীষণ নির্ভুল, আর এটাই ব্যবহৃত হয় পরমাণু ঘড়িতে, যে ঘড়ি এতটাই ঠিক যে কোটি কোটি বছরে গিয়ে মাত্র প্রায় এক সেকেন্ড এদিক-ওদিক হতে পারে।

এই যত্নশীল কাজের ফলে বিজ্ঞানীরা এমন এক সময়-সংজ্ঞা পেলেন, যা স্থির, নিখুঁত, আর সারা বিশ্বে বিশ্বাসযোগ্য। আরও মজার কথা, সঠিক যন্ত্র থাকলে যেকোন বিজ্ঞানীই একইভাবে সময় মাপতে পারবেন।

ক্যালেন্ডার

ক্যালেন্ডার কমপক্ষে ১০,০০০ বছর ধরে ব্যবহৃত হচ্ছে। মানে প্রায় ৫০০ প্রজন্ম। তোমার ৪৯৯তম পরদাদু-পরনানাও হয়তো কোনো না কোনো ক্যালেন্ডার ব্যবহার করতেন!

হাজার হাজার বছর ধরে মানুষকে সময় ধরতে হয়েছে, শুধু ঘণ্টা-দিন নয়, মাস, ঋতু, বছরও। কৃষিকাজ পরিকল্পনা, উৎসব নির্ধারণ, গুরুত্বপূর্ণ দিন মনে রাখা, এই সবের জন্য ক্যালেন্ডার তৈরি হয়েছে।

সবচেয়ে প্রাচীন ক্যালেন্ডারগুলো বানানো হয়েছিল সহজে দেখা যায় এমন জিনিস দিয়ে: সূর্য, চাঁদ, তারা। কিছু সভ্যতা, যেমন ব্যাবিলনীয়রা, চাঁদের চক্র ধরে চন্দ্র ক্যালেন্ডার বানিয়েছিল। এক **চন্দ্রমাস**, এক

অমাবস্যা থেকে পরের অমাবস্যা, প্রায় ২৯.৫ দিন। ১২টি চন্দ্রমাসে হয় প্রায় ৩৫৪ দিন, যা সৌর বছরের চেয়ে ছোট।

ইলাস্ট্রেশন 14: মায়া ক্যালেন্ডার

অন্যান্য সভ্যতা, যেমন প্রাচীন মিশরীয়রা, লক্ষ করেছিল সূর্যের পথ আর ঋতু বদল বেশ নিয়মিত। তারা সৌর ক্যালেন্ডার বানাল, পৃথিবীর সূর্যকে একবার ঘিরে আসতে লাগে প্রায় ৩৬৫ দিন। ক্যালেন্ডারকে ঋতুর সঙ্গে মিলিয়ে রাখতে তারা চার বছরে একবার বিশেষ একটি দিনও যোগ করত, আজকের লিপ-ইয়ারের মতোই।

পরে রোমানরা জুলিয়ান ক্যালেন্ডার তৈরি করে, যেটা জুলিয়াস সিজার খ্রিষ্টপূর্ব ৪৫ সালে চালু করেন। এতে বছরে ৩৬৫ দিন, আর চার বছরে একবার একটি লিপ-দিন যোগ করা হতো। কিন্তু জুলিয়ান ক্যালেন্ডারে ছোট্ট ভুল ছিল: প্রতি বছর এটি প্রায় ১১ মিনিট বেশি ধরে ফেলত। শত শত বছরে এই ছোট ভুল জমে বড় হয়ে গেল, আর ক্যালেন্ডার ঋতুর সঙ্গে তাল হারাতে লাগল।

এ সমস্যা ঠিক করতে ১৫৮২ সালে পোপ গ্রেগরি XIII (ত্রয়োদশ) নতুন নিয়ম চালু করেন: গ্রেগরিয়ান ক্যালেন্ডার, যা আজ পৃথিবীর বেশির ভাগ দেশ ব্যবহার করে। এতে একটি চতুর নিয়ম আছে: সাধারণভাবে চার বছরে একবার লিপ-ইয়ার থাকবে, কিন্তু যেসব বছর ১০০ দিয়ে নিঃশেষে বিভাজ্য, সেগুলোতে লিপ-ইয়ার হবে না, যদি না সেই বছরটি ৪০০ দিয়েও নিঃশেষে বিভাজ্য হয়। এতে ক্যালেন্ডার পৃথিবীর আসল সৌর কক্ষপথের সঙ্গে বেশ কাছাকাছি মেলে।

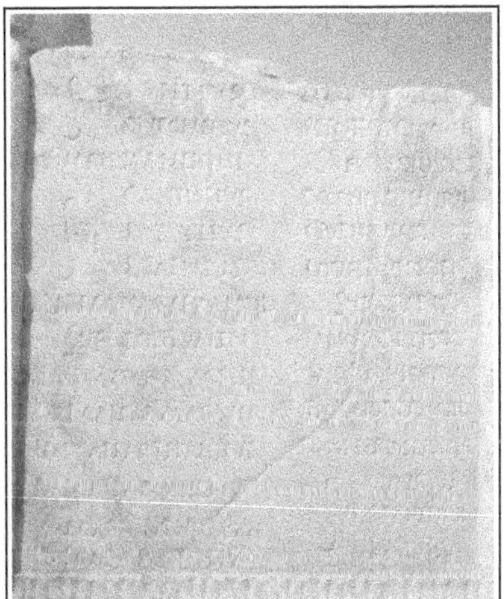

ইলাস্ট্রেশন 15: রোমান ক্যালেন্ডার, ক্রেডিট: Kleuske

আজকের ক্যালেন্ডারে ১২ মাস। বেশির ভাগ মাস ৩০ বা ৩১ দিন, শুধু ফেব্রুয়ারি সাধারণত ২৮ দিন, আর লিপ-ইয়ার হলে ২৯ দিন। আমাদের বছর সৌর চক্রের ওপর দাঁড়িয়ে, তাই ঋতুগুলো ঠিক জায়গায় থাকে। তবু পৃথিবীর গতির সঙ্গে ক্যালেন্ডারকে একদম নিখুঁতভাবে “লক” করে রাখা কঠিন, ছোটখাটো অমিল ঢুকে পড়তে পারে।

লিপ সেকেন্ড

লিপ সেকেন্ড হলো একটি বিশেষ "টিউনিং", যাতে আমাদের ঘড়ির সময় পৃথিবীর প্রকৃত ঘূর্ণনের সঙ্গে মিলিয়ে থাকে। আমরা সেকেন্ডকে পরমাণু ঘড়ি দিয়ে খুব নিখুঁতভাবে সংজ্ঞায়িত করি, কিন্তু পৃথিবীর ঘূর্ণন একদম স্থির নয়। চাঁদের টান, ভূমিকম্প, এমনকি সমুদ্রস্রোতের পরিবর্তনও পৃথিবীর ঘূর্ণনকে সামান্য দ্রুত বা ধীর করতে পারে।

এই ছোট পরিবর্তনের কারণে পৃথিবীর ঘূর্ণনভিত্তিক সময় কখনও কখনও পরমাণু সময় থেকে আলতো করে সরে যায়। সেটা ঠিক করার জন্য বিজ্ঞানীরা-এ এক সেকেন্ড যোগ করেন, এটাই লিপ সেকেন্ড।

লিপ সেকেন্ড ঠিক করে একটি দল: International Earth Rotation and Reference Systems Service (IERS)। তারা পরমাণু সময় আর পৃথিবীর ঘূর্ণনের সময়ের পার্থক্য মাপে। যখন পার্থক্য ০.৯ সেকেন্ডের কাছাকাছি চলে যায়, তারা ঘোষণা করে, লিপ সেকেন্ড যোগ হবে।

সাধারণত লিপ সেকেন্ড যোগ হয় ৩০ জুন বা ৩১ ডিসেম্বর-এর শেষে। তখন ঘড়ি এক মুহূর্তের জন্য দেখায় ২৩:৫৯:৬০, তারপর যায় ০০:০০:০০-এ। এই অতিরিক্ত ছোট্ট সেকেন্ডটা আমাদের দৈনন্দিন সময়কে পৃথিবীর প্রাকৃতিক ছন্দের সঙ্গে মিলিয়ে রাখে।

লিপ সেকেন্ড খুব ঘনঘন হয় না। ১৯৭২ সালে প্রথম চালুর পর থেকে কয়েক ডজনবারই যোগ করা হয়েছে।

দিনের সময়

সবচেয়ে প্রাচীন "ঘড়ি" আসলে যন্ত্র ছিল না। হাজার হাজার বছর আগে মিশরীয়দের মতো সভ্যতা **সূর্যঘড়ি** ব্যবহার করত। সূর্যের ছায়া একটা চিহ্নিত পৃষ্ঠের ওপর সরে যায়, সেই ছায়া দেখে তারা সময় ধরত। রোদেলা দিনে এটা ভালো কাজ করত, কিন্তু রাতে বা মেঘলা দিনে একেবারেই কাজ করত না।

সূর্য দেখা না গেলে সময় ধরতে মানুষ বানাল **জলঘড়ি**, যাদের ক্লেপসিড্রাও বলা হয়। এতে এক পাত্র থেকে অন্য পাত্রে পানি ধীরে ধীরে পড়ত বা গড়াত। কতটা পানি গেল, তা দেখে সময় বোঝা যেত। প্রাচীন মিশরীয় ও গ্রিকরা জলঘড়ি দিয়ে বক্তৃতা বা রাতের নানা কাজের সময় মাপত।

ইলাস্ট্রেশন 16: লিপ সেকেন্ড

এরপর এল যান্ত্রিক ঘড়ি। ১৩০০-এর দশক নাগাদ ইউরোপের শহরগুলোতে বড় বড় যান্ত্রিক ঘড়ি তৈরি হলো, অনেক

সময় গির্জার টাওয়ারে বসানো থাকত। গিয়ার, ভার, দোলানো অংশ, এসব দিয়ে সময় ধরত। তবে আজকের মানদণ্ডে এগুলো খুব নির্ভুল ছিল না; কখনও এক দিনে ঘণ্টার হিসেবেও এদিক-ওদিক হয়ে যেতে পারত।

যান্ত্রিক ঘড়ি আবিষ্কারের আগে

হাত ব্যবহার করে

সূর্যের অবস্থান দেখে সময় বোঝার নানা চমৎকার কৌশল মানুষ তৈরি করেছিল। যেমন, কিছু নেটিভ আমেরিকান গোষ্ঠী একটি সহজ পদ্ধতিতে সূর্যাস্ত হতে আর কত সময় বাকি, তা আন্দাজ করত, হাত দিয়ে।

তারা হাত বাড়িয়ে ধরত, তালু নিজের দিকে, আর দিগন্ত আর সূর্যের মাঝখানে আঙুল গুনে "স্তূপ" করত। প্রতিটি আঙুল ধরা হতো আনুমানিক ১৫ মিনিট। সূর্য আর দিগন্তের মাঝখানে কত আঙুল বসে, তা গুনে তারা আন্দাজ করত আর কতক্ষণ পর সূর্য ডুবে যাবে। কোনো ঘড়ি না থাকলেও, প্রকৃতি দেখে সময় বোঝার এটাই ছিল তাদের বুদ্ধিদীপ্ত পরিকল্পনা

মাটির ওপর ছায়া

যান্ত্রিক ঘড়ির আগে, দিনের বেলায় সময় ধরতে মানুষ ছায়ার চলন ব্যবহার করত। কারণ পৃথিবী ঘোরার সঙ্গে সঙ্গে আকাশে সূর্যের "দেখতে পাওয়া অবস্থান" বদলায়। সূর্য সরে, আর মাটির ছায়ার দৈর্ঘ্য ও দিকও পূর্বানুমেয়ভাবে বদলায়।

সূর্য পূর্বে উঠলে ছায়া পশ্চিমে লম্বা হয়। সূর্য যত ওপরে ওঠে, ছায়া তত ছোট হয়। দুপুরে সূর্য যখন আকাশে সবচেয়ে ওপরে, তখন ছায়া সবচেয়ে ছোট। দুপুরের পর সূর্য পশ্চিমে নামতে থাকলে ছায়া আবার লম্বা হয়, এবার ছড়ায় পূর্বদিকে।

ইলাস্ট্রেশন 17: মাটিতে ছায়া ফেলছে এমন একটি লাঠি

সূর্যঘড়ি না থাকলেও অভিজ্ঞ পর্যবেক্ষকরা ছায়া দেখে মোটামুটি সময় বলে দিতে পারত। ছায়ার এই নিয়মিত বদল প্রাচীন সভ্যতাগুলোকে দিন সাজাতে সাহায্য করেছিল, আর শেষ পর্যন্ত এই সহজ কৌশল থেকেই সূর্যঘড়ির জন্ম। *পৃষ্ঠা 70-এ থাকা* **কাঠি-ঘড়ি কার্যক্রম** *-টা চেষ্টা করে দেখো।*

সূর্যঘড়ি

মধ্যপ্রাচ্য, উত্তর আফ্রিকা, চীন, এশিয়ার ভারতীয় অঞ্চল, মায়া সভ্যতা, ইউরোপ, অনেক সংস্কৃতিতেই **সূর্যঘড়ি** ব্যবহৃত হয়েছে। সূর্যঘড়িতে থাকে একটি ভিত্তি, যেখানে সময়ের দাগ থাকে, আর একটি গ্নোমন, একটি দণ্ড বা তির্যক অংশ, যা ছায়া ফেলে।

ইলাস্ট্রেশন 18: সূর্যঘড়ি

সূর্যঘড়ি ঠিকমতো কাজ করতে হলে গ্নোমনকে সত্যিকারের উত্তর -এর দিকে নির্দেশ করতে হয়, মানে উত্তর মেরুর দিকে। আর গ্নোমনকে স্থাপন করতে হয় ওই স্থানের অক্ষাংশ অনুযায়ী হেলিয়ে, কারণ বিষুবরেখা থেকে দূরত্ব বদলালে সূর্যের ছায়ার কোণও বদলায়।

সূর্যঘড়ি ব্যবহার করতে হলে সূর্যের আলোতে গ্নোমনের ছায়া ভিত্তির কোন দাগের ওপর পড়ছে, তা দেখে সময় আন্দাজ করা হয়। দাগগুলো ঠিকমতো আঁকা থাকলে সময় মোটামুটি পড়ে নেওয়া যায়। *পৃষ্ঠা 71-এ থাকা* **সূর্যঘড়ি কার্যক্রম***-টা করে দেখো।*

প্রাণীর আচরণ দেখে

ঘড়ি আবিষ্কারের অনেক আগে মানুষ প্রকৃতির দিকে তাকিয়ে সময় বুঝত। প্রাণীদের দৈনন্দিন আচরণও ছিল এক ধরনের “জীবন্ত ঘড়ি”। অনেক প্রাণী দিন-রাতের চক্রের সঙ্গে তাল মিলিয়ে চলে। সেই ছন্দ চোখে রাখলে সময় আন্দাজ করা যায়।

ইলাস্ট্রেশন 19: ভোর চিহ্নিত করছে মোরগের ডাকা

যেমন, মোরগ ভোরে ডাকে, অনেক সময় সূর্য ওঠার ঠিক আগে। মোরগের ডাক মানেই নতুন দিনের শুরু।

পাখিরাও ইঙ্গিত দেয়। অনেক গানের পাখি, রবিন বা চড়ুইয়ের মতো, ভোরে বেশি গান গায়। তাঁদের সকালের গান শুনে মানুষ বুঝত, দিন খুব শুরু হয়েছে।

আবার সন্ধ্যায় কিছু প্রাণীর আচরণ পরিষ্কার বদলায়। যেমন ঝিঁঝি পোকা

সূর্যাস্তের পর বাতাস ঠান্ডা হলে বেশি ডাকতে শুরু করে। তাদের টানা ডাক শুনে বোঝা যেত, রাত আসছে।

এমনকি গরু-ভেড়ার মতো গৃহপালিত প্রাণীরাও সূর্যাস্তের দিকে দল বাঁধে, খামারের দিকে ফিরতে তৈরি হয়। কৃষকেরা এই অভ্যাস দেখে দিনের কাজ গুছিয়ে নিত।

এইভাবে প্রকৃতিই ছিল মানুষের প্রথম সময়-শিক্ষক, চলমান, শ্বাস নেওয়া ঘড়ি।

বালিঘড়ি

ফোনের নোটিফিকেশন বা ঘড়ির বিপ-বিপ শব্দের অনেক আগেই মানুষ সময় ধরত বালু দিয়ে। আর বালিঘড়ি ছিল সবচেয়ে সুন্দর ও ভরসাযোগ্য উপায়গুলোর একটি।

ইলাস্ট্রেশন 20: বালিঘড়ি

বালিঘড়িতে থাকে দুটি কাঁচের বাল্ব, মাঝখানে সরু পথ, একটা কোমরের মতো। উপরের বাল্বে থাকে নির্দিষ্ট পরিমাণ সূক্ষ্ম বালু। বালিঘড়ি উল্টে দিলেই বালু দানা দানা করে নিচের বাল্বে পড়তে থাকে।

এটা কাজ করে মাধ্যাকর্ষণ, নিচের দিকে টান, এর সাহায্যে। সরু পথে একসঙ্গে খুব বেশি দানা নামতে পারে না, তাই বালু পড়ে বেশ স্থির গতিতে। এই নিয়মিত প্রবাহের জন্য বালিঘড়ি বেশ নির্ভরযোগ্যভাবে সময় মাপতে পারে।

সব বালু উপরের বাল্ব থেকে নিচে নামলে নির্দিষ্ট সময় কেটে যায়, ডিজাইন অনুযায়ী এক ঘণ্টা, আধ ঘণ্টা, বা কয়েক মিনিটও হতে পারে।

আবার ব্যবহার করতে চাইলে? শুধু উল্টে দাও, বালু আবার যাত্রা শুরু করবে।

শত শত বছর ধরে নাবিক, সন্ন্যাসী, বৈজ্ঞানিকরা বালিঘড়ি ব্যবহার করেছে। জাহাজে এটা খুব কাজে দিত, কারণ এতে সূর্যালোক বা আগুনের দরকার নেই। সন্ন্যাসীরা প্রার্থনার সময় মাপতে ব্যবহার করত। রান্নাঘর বা কর্মশালায় ছোট বালিঘড়ি থাকত, রেসিপি, বক্তৃতা, বা খেলাধুলার সময় ধরতে।

আজও বোর্ড গেম, ক্লাসরুম, কিংবা সাজসজ্জায় ছোট বালিঘড়ি দেখা যায়, সময় চুপচাপ সরে যাওয়ার এক সুন্দর প্রতীক।

বালিঘড়ি আমাদের মনে করিয়ে দেয়, সময় একমুখী। বালুর মতোই সময়কে পেছনে ঠেলে দেওয়া যায় না। তুমি বালিঘড়ি উল্টাতে পারো, কিন্তু একই মুহূর্তে ফিরে যেতে পারো না, শুধু নতুন করে গোনা শুরু হয়।

মজার তথ্য: সব বালিঘড়িতে বালু থাকে না! কোথাও থাকে গুঁড়ো মার্বেল, কাঁচের দানা, এমনকি তরলও। আসল কথা হলো, প্রবাহটা যেন সমান থাকে, উপকরণটা কী, সেটা নয়। *পৃষ্ঠা 73-এ থাকা* ***আওয়ার গ্লাস অ্যাক্টিভিটি****-টা করে দেখো।*

জলঘড়ি (ক্লেপসিড্রা)

ইলাস্ট্রেশন 21: চীনা জলঘড়ি

জলঘড়ি বা **ক্লেপসিড্রা** হলো সময় মাপার সবচেয়ে পুরোনো যন্ত্রগুলোর একটি। এতে এক পাত্র থেকে অন্য পাত্রে পানি ধীরে ধীরে পড়ত বা গড়াত। কতটা পানি সরল, তা মেপে বোঝা যেত কত সময় কেটেছে। অনেক ক্লেপসিড্রায় পাত্রের ভেতরে দাগ কাটা থাকত, পানির স্তর ওঠা-নামা দেখে সময় ধরা যেত।

সভ্যতা ভেদে নকশাও ভিন্ন ছিল। প্রাচীন মিশর ও ব্যাবিলনে রাতে সময় ধরতে জলঘড়ি ব্যবহার হতো। প্রাচীন গ্রিসে আদালতে বক্তৃতার সময় "ন্যায়ভাবে" ভাগ করতে জলঘড়ি ছিল দারুণ এক উপায়। চীনে আরও জটিল জলঘড়ি তৈরি হয়েছিল, গিয়ার আর চাকার সাহায্যে দীর্ঘ সময় মাপার জন্য।

জলঘড়ি বানাতে খুব সতর্ক হতে হতো। ছিদ্র বেশি বড় বা বেশি ছোট হলে পানি খুব দ্রুত বা ধীরে পড়ে যেত, ঘড়ি ভুল দেখাত। তাপমাত্রা বা আর্দ্রতাও পানির প্রবাহে প্রভাব ফেলতে পারে।

আজকের ঘড়ির মতো নিখুঁত না হলেও জলঘড়ি ছিল বড় পদক্ষেপ। এটা দেখিয়েছিল, সময়কে কেবল আন্দাজ নয়, পরিমাপও করা যায়। *পৃষ্ঠা 77-এ থাকা* ***জলঘড়ি কার্যক্রম****-টা চেষ্টা করে দেখো।*

মোমবাতি ঘড়ি

মোমবাতি ঘড়ি খুব সহজ কিন্তু দারুণ বুদ্ধিদীপ্ত। যান্ত্রিক ঘড়ির আগে মানুষ এটা ব্যবহার করত।

এটা এমন একটি মোমবাতি, যা প্রতি বার লাগালে প্রায় একই গতিতে জ্বলে, মানে সময়ের সঙ্গে সঙ্গে একই হারে গলে ছোট হয়। মোমবাতি

জ্বালানোর আগে পাশে দাগ কেটে সমান ভাগ করা হতো। যেমন, যদি কোনো মোমবাতি ছয় ঘণ্টা জ্বালার জন্য বানানো হয়, তবে তাতে ছয়টা দাগ, প্রতি দাগ এক ঘণ্টা।

মোমবাতি জ্বলে যেতে যেতে আগুন যখন এক দাগ পেরোত, বোঝা যেত নির্দিষ্ট সময় কেটে গেছে। কিছু মোমবাতি ঘড়িতে মোমের ভেতর ছোট ধাতব বল থাকত। আগুন বলের চারপাশের মোম গলিয়ে দিলে বলটি নিচে ধাতব ট্রেতে পড়ে "টিং" শব্দ করত, সময় পেরোনোর সংকেত!

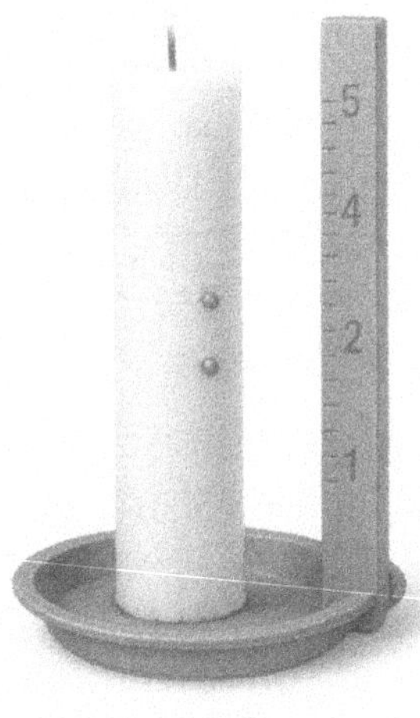

ইলাস্ট্রেশন 22: মোমবাতি ঘড়ি

রাতের সময় ঘরের ভেতরে এগুলো বেশ কাজে দিত, যখন সূর্যের ছায়া দিয়ে সময় ধরা সম্ভব নয়। সভা, প্রার্থনা, কাজের ঘণ্টা, সবকিছুর জন্যই ব্যবহার হতো। *পৃষ্ঠা 75-এ থাকা* **মোমবাতি-ঘড়ি কার্যক্রম** *-টা করো।*

ধূপঘড়ি

ধূপঘড়ি হলো প্রাচীন চীন ও জাপানে সময় মাপার এক মনোহর উপায়। এতে ব্যবহৃত হতো এমন ধূপকাঠি বা ধূপকুণ্ডলী, যা স্থির গতিতে জ্বলে।

ইলাস্ট্রেশন 23: চীনা ধূপঘড়ি

ধূপ জ্বললে ধোঁয়া উঠে এবং ধূপ ধীরে ধীরে পোড়ে। ধূপকে দাগ দিয়ে বা বিশেষ আকারে বানিয়ে রাখা হতো, যাতে এক বিন্দু থেকে অন্য বিন্দু পর্যন্ত জ্বলতে ঠিক কত সময় লাগে, তা জানা থাকে।

কিছু ধূপঘড়িতে ধূপ একেবারে সোজা করে রাখা থাকত, আর নির্দিষ্ট জায়গায় ধাতব ছোট মার্কার বসানো হতো। ধূপ জ্বলতে জ্বলতে ওই মার্কারে পৌঁছলেই মার্কারটি ট্রেতে পড়ে নরম শব্দ করত, সময় পেরোনোর ইঙ্গিত।

আরও কিছু ধূপঘড়ি ছিল পাকানো সর্পিল আকারে, শামুকের খোলসের মতো। এগুলো অনেক ঘণ্টা ধরে জ্বলতে পারত। সর্পিল পথে আগুন যতদূর এগিয়েছে দেখে সময় বোঝা যেত।

ঘরের ভেতরে এটি সুবিধাজনক ছিল, হালকা গন্ধ, শান্ত পরিবেশ, আর কোমল “ঘড়ির মতো” মাপা সময়।

রাতে তারার অবস্থান

রাতে আকাশে তারাদের চলন দেখেও সময় বোঝা যায়। তারারা নড়ছে মনে হয়, কারণ পৃথিবী ঘোরে। কিছু নির্দিষ্ট তারার অবস্থান জানা থাকলে, পুরো আকাশটাই যেন এক বিশাল ঘড়ি।

ইলাস্ট্রেশন 24: *রাতের আকাশে তারা*

সময় ধরার জন্য খুব গুরুত্বপূর্ণ একটি তারা হলো পোলারিস, ধ্রুবতারা। এটি প্রায় নড়ে না, কারণ এটা পৃথিবীর উত্তর মেরুর প্রায় ঠিক ওপরে। পোলারিস খুঁজতে সাহায্য করে বিগ ডিপার (একটি তারা-গুচ্ছ, চামচের মতো)। বিগ ডিপারের “বাটি”র ধারার দুই তারা প্রায় সোজা রেখায় পোলারিসের দিকে ইশারা করে।

পোলারিস খুঁজে পেলে কল্পনা কর, আকাশটা তার চারদিকে ঘুরছে, ঘড়ির কাঁটার মতো। বিগ ডিপার ২৪ ঘণ্টায় একবার পোলারিসকে ঘিরে ঘুরে আসে। সন্ধ্যায় এটি উত্তর আকাশে নিচু থাকতে পারে, রাত বাড়লে ওপরে উঠবে বা উল্টো হয়ে যাবে। বিগ ডিপারের অবস্থান দেখে বোঝা যায় সন্ধ্যা থেকে কত ঘণ্টা পেরিয়েছে।

দক্ষিণ অর্ধগোলকে মানুষ ব্যবহার করে সাউদার্ন ক্রস (Southern Cross), ঘুড়ির মতো তারা-গুচ্ছ। তারা সাউদার্ন ক্রস থেকে দক্ষিণ দিগন্তের দিকে একটি রেখা কল্পনা করে, আর তার ঢাল দেখে সময় আন্দাজ করে, উত্তরের বিগ ডিপারের মতোই।

এটা ঘড়ির মতো নিখুঁত নয়, কিন্তু একটু অনুশীলন করলে ভালো আন্দাজ করা যায়!

যান্ত্রিক ঘড়ি

ইউরোপে ১২০০-এর দশকে প্রথম যান্ত্রিক ঘড়ি তৈরি হয়। এগুলোতে থাকত ভারী ওজন, গিয়ার, আর এস্কেপমেন্ট নামের একটি ব্যবস্থা, যা গিয়ারের চলন নিয়ন্ত্রণ করে, যাতে টিক-টিক করে স্থিরভাবে সময় এগোয়।

ইলাস্ট্রেশন 25: *ভার-চালিত ঘড়ি*

শুরুতে ঘড়িগুলো বিশাল ছিল, টাওয়ারের ভেতরে বসানো থাকত। প্রতি ঘণ্টায় ঘণ্টাধ্বনি বাজিয়ে পুরো শহরকে সময় জানাত। তখন ঘড়ির মুখ বা কাঁটা ছিল না, শুধু শব্দ!

পরে ১৩০০-এর দিকে ঘড়ির মুখ আর ঘণ্টার কাঁটা যোগ হলো। ১৬০০-এর দিকে মিনিটের কাঁটাও যোগ করা হলো। এখন মানুষ সময় শুধু শুনত না, দেখতও।

দোলক ঘড়ি: এক বিরাট লাফ

১৬৫৬ সালে ডাচ বিজ্ঞানী ক্রিস্টিয়ান হাইগেন্স দোলক ঘড়ি আবিষ্কার করেন। দোলক হলো ঝুলন্ত ওজন, যা দোল খায়। হাইগেন্স খেয়াল করলেন, দোলকের দোলানো ছন্দ খুব নিয়মিত। দোলককে যান্ত্রিক ঘড়ির সঙ্গে যুক্ত করে তিনি ঘড়িকে অনেক বেশি নির্ভুল করলেন, এক দিনে মিনিট নয়, শুধু কয়েক সেকেন্ড ভুল!

ইলাস্ট্রেশন 26: ক্রিস্টিয়ান হাইগেন্স-এর দোলক ঘড়ি

দোলক ঘড়ি দ্রুত জনপ্রিয় হয়ে উঠল, গির্জা, সরকারি ভবন, আর ধনী বাড়িগুলোতে।

স্প্রিং-চালিত ঘড়ি: সময় হলো বহনযোগ্য

দোলক ঘড়ির পরই এলো স্প্রিং-চালিত ঘড়ি। ভারী ওজনের বদলে এতে থাকত পেঁচানো স্প্রিং। তাই ঘড়ি ছোট হলো, সহজে বহনযোগ্য হলো। ১৭০০–১৮০০-এর মধ্যে মানুষ বাড়িতে ব্যক্তিগত ঘড়ি রাখতে পারল, আর পরে পকেটে রাখার পকেট ঘড়িও এলো।

বৈদ্যুতিক ঘড়ি: সময় পেল বিদ্যুৎ

১৮০০-এর দশকে বিদ্যুৎ পৃথিবী বদলাতে শুরু করল, ঘড়িকেও বদলে দিল। প্রথম বৈদ্যুতিক ঘড়িতে ছোট মোটর গিয়ার চালাত। কিছু ঘড়ি বিদ্যুৎ দিয়ে দোলককেও দোলাত। এগুলো আরও নির্ভুল হলো, আর মেরামতও সহজ হলো।

কোয়ার্টজ ঘড়ি: স্ফটিকের বিপ্লব

১৯২৭ সালে বিজ্ঞানীরা বানালেন কোয়ার্টজ ঘড়ি। কোয়ার্টজ হলো এক ধরনের স্ফটিক। এতে বিদ্যুৎ দিলে এটি খুব স্থির ছন্দে কম্পিত হয়, একটা ক্ষুদ্র “হৃদস্পন্দন” এর মতো। ঘড়ি সেই কম্পন গুনে সময় রাখে। কোয়ার্টজ ঘড়ি মাসে মাত্র কয়েক সেকেন্ড ভুল করে। আজ অনেক ডিজিটাল ঘড়ি ও ঘড়িতে কোয়ার্টজ প্রযুক্তিই কাজ করে।

পরমাণু ঘড়ি: সময়ের মহাগুরু

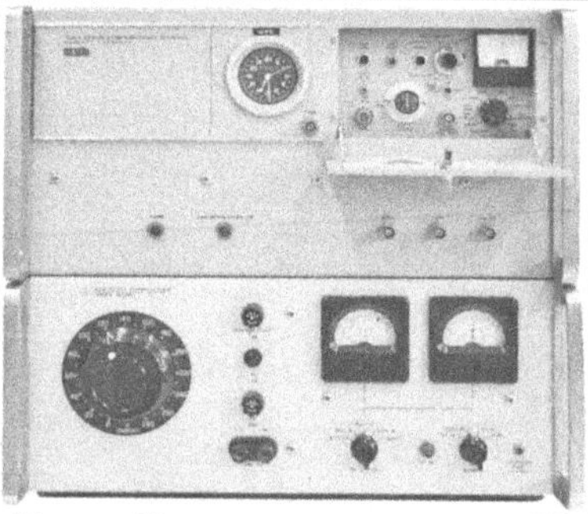

ইলাস্ট্রেশন 27: *পরমাণু ঘড়ি , ক্রেডিট*: Museumsfoto

সবচেয়ে নিখুঁত সময়রক্ষকের ভেতরে লুকিয়ে আছে এক রহস্য, পরমাণুর নিজস্ব ছন্দ। **পরমাণু ঘড়ি** হলো মানুষের বানানো সবচেয়ে নির্ভুল ঘড়ি। এতে গিয়ার নেই, স্প্রিং নেই, দোলক নেই। আছে, পরমাণুর অদৃশ্য নাচ।

প্রতিটি পরমাণুর কেন্দ্রে থাকে ক্ষুদ্র নিউক্লিয়াস, আর চারপাশে থাকে আরও ক্ষুদ্র কণা, ইলেকট্রন। ইলেকট্রন শক্তিস্তরের মধ্যে লাফাতে পারে। লাফানোয় তারা মাইক্রোওয়েভ আকারে শক্তি শোষণ বা নির্গত করে। বিশেষ পরমাণু সিজিয়াম–১৩৩-এ এই কম্পন/লাফানো ঘটে অবিশ্বাস্যভাবে স্থির ছন্দে: প্রতি সেকেন্ডে ঠিক ৯,১৯২,৬৩১,৭৭০ বার। এই সংখ্যা এতটাই নির্ভুল যে বিজ্ঞানীরা ঠিক করলেন, এক সেকেন্ডের সংজ্ঞাই হবে এই কম্পনের গুনতি!

পরমাণু ঘড়ি কাজ করে এই কম্পনগুলো গুনে, একটা অদৃশ্য, নিখুঁত ড্রামবিটের মতো। ঘড়ির ভেতরে সিজিয়াম পরমাণুগুলোকে একটি চেম্বারে পাঠানো হয়, যেখানে তাদের ওপর মাইক্রোওয়েভ তোলা হয়। মাইক্রোওয়েভের কম্পাঙ্ক যদি পরমাণুর “প্রাকৃতিক ছন্দ”-এর সঙ্গে ঠিক মিলে যায়, তখন একটি বিশেষ প্রতিক্রিয়া ঘটে, আর ঘড়ি নিজেকে ঠিক করে ফেলে, যাতে সে পরমাণুর ছন্দের সঙ্গে একদম তাল মিলিয়ে চলে।

এই ঘড়িগুলো এতটাই নির্ভুল যে প্রায় ১০ কোটি বছরে শুধু ১ সেকেন্ড এদিক-ওদিক হতে পারে। তাই এগুলো ব্যবহার হয় জিপিএস উপগ্রহে, গভীর মহাকাশ অভিযানে, আর আন্তর্জাতিক সময়মান নির্ধারণে। পরমাণু ঘড়ি না থাকলে আধুনিক নেভিগেশন, বিজ্ঞান, আর যোগাযোগ, সবকিছুই ধীরে ধীরে তাল হারিয়ে ফেলত।

পরমাণু ঘড়ি আমাদের মনে করিয়ে দেয়, সময় যেন পরমাণুর ভাষায় লেখা। যে কণাগুলো দিয়ে তারা, গ্রহ, আর আমরাও তৈরি, তাদের ভেতরেই লুকিয়ে আছে এক “মহাজাগতিক হৃদস্পন্দন”, যা সময়ের সত্যিকারের ছন্দ, চুপিচুপি বলে যায়।

অধ্যায় ৩ , সময় আরও অদ্ভুত হয়

সময় আপেক্ষিক

সময়কে প্রথমে খুব সহজ মনে হয়, টিক-টক, সেকেন্ডের পরে সেকেন্ড। কিন্তু বিজ্ঞানীরা আবিষ্কার করেছেন, সময় সবার জন্য বা সব

জায়গায় এক রকম থাকে না। এই অদ্‌ভুত ধারণাটাকেই বলা হয় **সময়ের আপেক্ষিকতা**

ইলাস্ট্রেশন 28: সময়ের আপেক্ষিকতা

এর মানে, তুমি কত দ্রুত চলছ, বা তুমি যেখানে আছ সেখানে মাধ্যাকর্ষণ কতটা শক্তিশালী, তার উপর নির্ভর করে সময় কারও জন্য একটু দ্রুত, কারও জন্য একটু ধীরে চলতে পারে।

সময়ের আপেক্ষিকতা প্রথম ভালোভাবে ব্যাখ্যা করেছিলেন আলবার্ট আইনস্টাইন, তাঁর **বিশেষ আপেক্ষিকতা** এবং **সাধারণ আপেক্ষিকতা** তত্ত্বে।

বিশেষ আপেক্ষিকতা বলে: তুমি যদি খুব দ্রুত চল, আলোর গতির কাছাকাছি, তাহলে তোমার জন্য সময়, যে স্থির দাঁড়িয়ে আছে তার তুলনায়, ধীরে চলবে।

সাধারণ আপেক্ষিকতা যোগ করে বলে: মাধ্যাকর্ষণও সময়কে বদলায়, যেখানে মাধ্যাকর্ষণ বেশি শক্তিশালী, সেখানে সময় আরও ধীরে চলে।

বিজ্ঞানীদের কৌতূহল হলো: "এটা কি সত্যি সত্যি প্রমাণ করা যায়?" তাই তাঁরা এমন কিছু পরীক্ষা ডিজাইন করলেন, যেখানে সময়ের খুব ক্ষুদ্র পরিবর্তন ধরা যায়। নিচে তিনটি গুরুত্বপূর্ণ পরীক্ষা:

হাফেলে–কিটিং পরীক্ষা (১৯৭১)

ইলাস্ট্রেশন 29: হাফেলে–কিটিং পরীক্ষা

এই পরীক্ষায় বিজ্ঞানী জোসেফ হাফেলে এবং রিচার্ড কিটিং ব্যবহার করেছিলেন অ্যাটোমিক ঘড়ি। তাঁরা কয়েকটি অ্যাটোমিক ঘড়ি নিয়ে বাণিজ্যিক বিমানে করে পৃথিবী ঘুরলেন, কিছু বিমান পূর্ব দিকে, কিছু পশ্চিম দিকে, আর কিছু অ্যাটোমিক ঘড়ি রাখা হলো মাটিতে, স্থির অবস্থায়।

বিমানগুলো ফিরে এলে দেখা গেল, বিমানের ঘড়িগুলো মাটির ঘড়ির সাথে মিলছে না!

- যে ঘড়িগুলো পূর্ব দিকে উড়েছিল, তারা মাটির ঘড়ির তুলনায় সময় হারিয়েছে।

- যে ঘড়ি পশ্চিম দিকে উড়েছিল, সেটা মাটির ঘড়ির তুলনায় সময় বাড়িয়েছে।

এতে প্রমাণ হলো: উচ্চ গতিতে চললে সময়ের প্রবাহ বদলায়, ঠিক যেমন আইনস্টাইন ভবিষ্যদ্বাণী করেছিলেন।

মাধ্যাকর্ষণ আর সময়: পাহাড়ের চূড়ায় ঘড়ি

বিজ্ঞানীরা আরেকভাবে পরীক্ষা করলেন, মাধ্যাকর্ষণ সময়কে কীভাবে বদলায়। তাঁরা অ্যাটোমিক ঘড়ি বসালেন উচ্চ পাহাড়ের চূড়ায়, আর তুলনা করলেন সমুদ্রপৃষ্ঠে থাকা ঘড়ির সাথে।

ইলাস্ট্রেশন 30: পাহাড়ের ওপর পরমাণু ঘড়ি

যেহেতু উপরে গেলে মাধ্যাকর্ষণ একটু দুর্বল হয়, তাই পাহাড়ের চূড়ায় থাকা ঘড়িতে সময় চলল সামান্য দ্রুত, সমুদ্রপৃষ্ঠের ঘড়ির তুলনায়।

তফাৎটা খুবই ছোট ছিল, কিন্তু সেটা দেখিয়ে দিল, মাধ্যাকর্ষণ সত্যিই সময়কে ধীর করে দেয় যখন তা শক্তিশালী হয়। এই কারণেই পৃথিবীকে ঘিরে ঘুরতে থাকা স্যাটেলাইটের ঘড়িগুলোকে ঠিকঠাক রাখতে সমন্বয় (adjustment) করতে হয়, যাতে মাটির ঘড়ির সাথে তারা তাল মিলিয়ে চলতে পারে।

মিউন দেখা

আরও একটা প্রমাণ আসে "মিউঅন" নামের কণাদের কাছ থেকে। মহাকাশ থেকে আসা কসমিক রে যখন পৃথিবীর বায়ুমণ্ডলে ধাক্কা খায়, তখন এই মিউঅনগুলো তৈরি হয়। মিউঅন সাধারণত খুব দ্রুত "ক্ষয়" হয়ে যায়, মানে, চোখের পলক ফেলারও আগেই তারা হারিয়ে যেতে পারে। সময় যদি তাদের জন্য একেবারে আমাদের মতো "স্বাভাবিকভাবে" চলত, তাহলে তারা মাটিতে পৌঁছানোর আগেই উধাও হয়ে যেত।

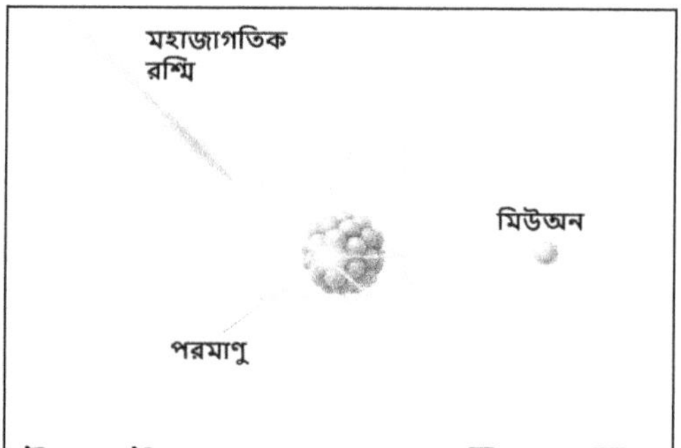

ইলাস্ট্রেশন 31: মহাজাগতিক রশ্মি থেকে মিউন তৈরি হচ্ছে

কিন্তু মিউঅনগুলো চলে আলোর গতির কাছাকাছি ভয়ংকর দ্রুততায়। আর এত দ্রুত গতির কারণে তাদের জন্য সময় পৃথিবীর

সময়ের তুলনায় ধীরে চলে। ফলে অনেক মিউঅন যথেষ্ট সময় “বেঁচে” থাকে, যাতে বিজ্ঞানীরা মাটির কাছাকাছি এসে তাদের ধরতে পারেন। এটা আবারও দেখিয়ে দেয়, খুব দ্রুত গতি সময়কে বদলে দিতে পারে।

এই সব পরীক্ষার জন্য এখন আমরা জানি, সময় কোনো শক্ত কাঠের মতো কড়া, টিক-টিক করা একটাই ঘড়ি নয়, যেটা সবার জন্য একই। সময় আসলে নমনীয়: গতি আর মাধ্যাকর্ষণ (gravity) অনুযায়ী তা টেনে লম্বা হতে পারে, আবার চুপসে ছোটও হতে পারে। সময়ের আপেক্ষিকতা বিজ্ঞানের অন্যতম আশ্চর্য আবিষ্কার, এটা আমাদের দেখায়, বিশ্বব্রহ্মাণ্ড প্রথম দেখায় যতটা “সোজাসাপটা” লাগে, আসলে তার চেয়ে অনেক বেশি অদ্‌ভুত… এবং অনেক বেশি বিস্ময়কর।

সময় আপেক্ষিক, মানে গতি আর মাধ্যাকর্ষণের ওপর নির্ভর করে তা দ্রুত বা ধীরে চলতে পারে, এই ধারণার ফলাফল বিজ্ঞান আর দৈনন্দিন জীবন দুই ক্ষেত্রেই দারুণ চমকপ্রদ। আমরা হাঁটাচলা করতে করতে সময় বদলাচ্ছে বলে টের পাই না, কিন্তু কোনো কিছু খুব দ্রুত চললে বা যেখানে মাধ্যাকর্ষণ খুব শক্তিশালী, সেখানে আপেক্ষিকতার প্রভাব অসম্ভব গুরুত্বপূর্ণ হয়ে ওঠে।

কারণ সময় আপেক্ষিক

ময়ের আপেক্ষিকতা কোথায় কোথায় সত্যিই “ফারাক” তৈরি করে, চলো কয়েকটা গুরুত্বপূর্ণ জায়গা আর পরিস্থিতি দেখি:

ইলাস্ট্রেশন 32: জিপিএস উপগ্রহ

GPS স্যাটেলাইট: গ্লোবাল পজিশনিং সিস্টেম (GPS)–এর স্যাটেলাইটগুলো পৃথিবীর চারদিকে খুব দ্রুত গতিতে আর অনেক উঁচু কক্ষপথে ঘোরে। তারা যেমন দ্রুত চলছে, তেমনি তারা পৃথিবীর তুলনায় বেশি উচ্চতায় থাকায় পৃথিবীর শক্ত মাধ্যাকর্ষণের প্রভাবও তাদের ওপর একটু কম। এই দুই কারণেই তাদের ঘড়ি মাটির ঘড়ির তুলনায় সামান্য ভিন্নভাবে চলে।

বিজ্ঞানীরা যদি সময়ের আপেক্ষিকতার জন্য ঠিকঠাক সংশোধন না করতেন, তাহলে GPS–এর সিগন্যাল প্রতিদিন কয়েক মাইল পর্যন্ত ভুল দেখাতে পারত! কিন্তু আইনস্টাইনের তত্ত্ব আর খুব সূক্ষ্ম সমন্বয়ের কারণে GPS তোমাকে দারুণ নিখুঁতভাবে বলে দিতে পারে তুমি কোথায় আছ, চাই তুমি জঙ্গলে হাইক করো, চাই গাড়িতে ভ্রমণ করো। GPS সম্পর্কে আরও পড়ো ২৩ নম্বর পৃষ্ঠায়।

ব্ল্যাক হোলের কাছে: ব্ল্যাক হোল হলো মহাকাশের এমন জায়গা যেখানে মাধ্যাকর্ষণ এতটাই শক্তিশালী যে আলোও পালাতে পারে না।

ব্ল্যাক হোলের কাছে সময় অনেক ধীরে চলে, দূরে থাকা কোনো জায়গার তুলনায় অনেক বেশি ধীরে।

ইলাস্ট্রেশন 33: কৃষ্ণগহ্বর

আজকের প্রযুক্তি দিয়ে আমরা নিরাপদে ব্ল্যাক হোলের কাছে "ভেসে" থাকতে পারি না, কিন্তু কল্পনা করো, যদি তুমি সেখানে নিরাপদে থাকতে পারতে, তোমার কাছে হয়তো মাত্র কয়েক মিনিট কেটে যেত, অথচ অনেক দূরে থাকা কারও কাছে বছরের পর বছর চলে যেত! সায়েন্স ফিকশন সিনেমায় এমন দৃশ্য দেখা যায়, আর অবাক ব্যাপার হলো, এটা আইনস্টাইনের আপেক্ষিকতার তত্ত্বের সত্যিকারের পূর্বাভাস।

খুব উচ্চ গতির মহাকাশ ভ্রমণ: যদি মহাকাশচারীরা আলোর গতির খুব কাছাকাছি গতিতে ভ্রমণ করতে পারত, তাহলে পৃথিবীতে থাকা মানুষের তুলনায় তারা সময়কে আলাদা ভাবে অনুভব করত।

উদাহরণ হিসেবে, একজন মহাকাশচারীর কাছে যাত্রাটা মনে হতে পারে মাত্র কয়েক বছরের, কিন্তু সে যখন পৃথিবীতে ফিরবে, তখন এখানে হয়তো অনেক দশক কেটে গেছে! এই অদ্‌ভুত প্রভাবকে বলে টাইম ডাইলেশন, সময়ের প্রসারণ। যদিও আমাদের কাছে এখনো আলোর গতির কাছাকাছি চলতে পারে এমন মহাকাশযান নেই, বিজ্ঞানীরা মনে করেন ভবিষ্যতে যদি এমন ভ্রমণ সম্ভব হয়, তাহলে দূর নক্ষত্রে দীর্ঘ মিশন পরিকল্পনা করার সময় সময়ের আপেক্ষিকতা ভীষণ গুরুত্বপূর্ণ হয়ে উঠবে।

আদিম মহাবিশ্ব: বিগ ব্যাং–এর ঠিক পরেই, যে ঘটনাটি দিয়ে মহাবিশ্বের শুরু, সবকিছু ছিল অসম্ভব গরম, ঘন, আর তীব্র গতিশীল। এমন চরম অবস্থায় সময়ের আপেক্ষিকতা বড় ভূমিকা রেখেছিল, মহাবিশ্ব কীভাবে দ্রুত বেড়ে উঠল আর বদলে গেল, সেটা বোঝার ক্ষেত্রে।
বিজ্ঞানীরা আপেক্ষিকতা সম্পর্কে যা জানেন, তা ব্যবহার করে বোঝেন কীভাবে গ্যালাক্সি তৈরি হলো, আর মহাবিশ্ব আজকের মতো হয়ে উঠল।

দৈনন্দিন জীবনে আমরা সাধারণত সময়ের আলাদা গতিতে চলার প্রভাব টের পাই না। কিন্তু মহাকাশে, ব্ল্যাক হোলের কাছে, অত্যন্ত দ্রুত ভ্রমণে, এমনকি প্রতিদিনের প্রযুক্তিতেও, সময়ের আপেক্ষিকতা একেবারে বাস্তব, এবং খুবই গুরুত্বপূর্ণ।

আইনস্টাইনের এই আবিষ্কার আমাদের মনে করিয়ে দেয়, মহাবিশ্ব চমকে ভরা, আর সময় নিজেই আমাদের কল্পনার চেয়েও বেশি রহস্যময়... এবং বেশি নমনীয়।

GPS কীভাবে কাজ করে

ভাবো, তুমি বিশাল এক জঙ্গলে পথ হারিয়েছ, আর তোমার কাছে একটা জাদুর মানচিত্র আছে, যেটা সব সময় ঠিক বলে দেয় তুমি কোথায়। GPS অনেকটা সেই রকমই... শুধু এটা জাদু নয়, একেবারে বাস্তব!

GPS মানে Global Positioning System। এটা কাজ করে স্যাটেলাইট ব্যবহার করে, পৃথিবীর অনেক উপরে মহাকাশে ভেসে থাকা বিশাল "ঘড়ি"। সব সময় পৃথিবীকে ঘিরে প্রায় ৩০টি GPS স্যাটেলাইট ঘুরে বেড়ায়। তুমি ভাবতে পারো, আকাশে ঘুরে বেড়ানো উজ্জ্বল ঘড়ি, যারা রেডিও সিগন্যাল পাঠায়।

প্রতিটি স্যাটেলাইট যেন একেকটা বিশাল রেডিও, যা অনবরত অদৃশ্য সিগন্যাল পাঠিয়ে বলে: "আমি এখানে আছি! এখন সময় হলো এই!"

তোমার ফোন বা ডিভাইস সেই সিগন্যাল ধরে হিসাব করে, সিগন্যালটা তোমার কাছে পৌঁছাতে কত সময় লাগল। এতে তোমার GPS বুঝে যায় স্যাটেলাইটটা তোমার থেকে কত দূরে।

কিন্তু গোপন কৌশলটা হলো, GPS শুধু একটা স্যাটেলাইটের কথা শোনে না। এটা একসাথে কমপক্ষে চারটা স্যাটেলাইটের কথা শোনে।

প্রতিটা সিগন্যাল তোমাকে বলে, ঐ স্যাটেলাইটটা কত দূরে, যেমন অন্ধকার ঘরে কারও আওয়াজ শুনে আন্দাজ করা যায় সে কত দূরে। তারপর ত্রিভুজীকরণ (triangulation) নামের গণিত দিয়ে তোমার ডিভাইস বের করে ফেলে তুমি কোথায় আছ।

GPS কীভাবে কাজ করে, ছবিসহ ব্যাখ্যা:

পৃথিবীর অনেক উপরে, প্রায় ৩০টি GPS স্যাটেলাইট মহাকাশে ছুটে বেড়ায়। তুমি ঠিক কোথায় আছ (এমনকি কত উঁচুতে আছ) জানার জন্য তোমার GPS-এর শুধু চারটা স্যাটেলাইটের সিগন্যালই যথেষ্ট। এটা এমনভাবে কাজ করে:

প্রথম স্যাটেলাইট

একটা স্যাটেলাইট সিগন্যাল পাঠায়, “এখন সময় কত।” তোমার GPS সেটি ধরে এবং হিসাব করে স্যাটেলাইটটা কত দূরে। ফলে তুমি সেই স্যাটেলাইটকে ঘিরে একটা অদৃশ্য গোলকের (একটা বিশাল বলের) উপর কোথাও আছ।

দ্বিতীয় স্যাটেলাইট

আরেকটা স্যাটেলাইট সিগন্যাল পাঠায়। এবার তোমার GPS দ্বিতীয় স্যাটেলাইট পর্যন্ত দূরত্বও বের করে। ফলে তুমি আরেকটা অদৃশ্য গোলকের উপর আছ। দুই গোলক যেখানে একে অপরকে কাটে, সেখানে একটা বৃত্ত তৈরি হয়। এখন GPS জানে তুমি ওই বৃত্তের কোথাও আছ।

তৃতীয় স্যাটেলাইট

তৃতীয় স্যাটেলাইট সিগন্যাল পাঠায়। তৃতীয় গোলক তৈরি হয়। তিন গোলক মিলিয়ে সাধারণত তারা দুইটি বিন্দুতে কাটে। অর্থাৎ GPS জানে তুমি ঐ দুই বিন্দুর একটাতে আছ।

চতুর্থ স্যাটেলাইট

শেষ স্যাটেলাইটটি সাহায্য করে, দুটোর মধ্যে কোনটা সত্যিকারের "তুমি" তা ঠিক করতে। এবার GPS সাধারণত জানিয়ে দিতে পারে তুমি কোথায়, প্রায় ১ থেকে ১০ মিটার (প্রায় ৩ থেকে ৩৩ ফুট) ভুলের মধ্যে। এমনকি মাটি থেকে তুমি কতটা উঁচুতে আছ, সেটাও!

GPS কাজ করে কারণ স্যাটেলাইটগুলোর ভেতরে থাকে অত্যন্ত নির্ভুল অ্যাটোমিক ঘড়ি, এতই নির্ভুল যে লক্ষ লক্ষ বছরে তারা মাত্র প্রায় এক সেকেন্ড ভুল করতে পারে! সময় যদি সামান্য ভুল হয়, তোমার অবস্থান মাইল-এর পরিমাণ ভুল দেখাতে পারে।

তাই আকাশভরা টিক-টিক করা মহাকাশ-রেডিও-ঘড়ি, শক্তিশালী গণিত, আর তোমার বুদ্ধিমান ছোট ডিভাইস, সব মিলিয়ে তুমি পৃথিবীর প্রায় যেখানে-সেখানে দাঁড়িয়েই জানতে পারো, "আমি ঠিক এখানে।"

সময় বাঁকতে আর টানতে পারে

"বাঁকানো" শব্দ শুনলে তোমার মনে পড়তে পারে গাছের ডাল বা নরম স্ট্র। আশ্চর্য হলেও সত্যি, সময়ও বাঁকতে পারে। বিজ্ঞানীরা এটাকে বলেন সময়ের বাঁক, আর এটা আইনস্টাইনের আপেক্ষিকতার তত্ত্বের সবচেয়ে গুরুত্বপূর্ণ ধারণাগুলোর একটি।

কিন্তু অদৃশ্য সময় কীভাবে বাঁকে? এটা বোঝার জন্য ভাবতে হবে দুইটা জিনিস: গতি আর মাধ্যাকর্ষণ।

খুব দ্রুত চললে সময় বাঁকে

তুমি যখন সাইকেল চালাও বা গাড়ি চালাও, তখন তুমি জানো, তুমি মহাশূন্যে এগোচ্ছ, এক জায়গা থেকে আরেক জায়গায় যাচ্ছ। কিন্তু তুমি হয়তো খেয়াল করো না যে তুমি আরেকটা জিনিসের ভেতর দিয়েও চলছ: সময়।

ইলাস্ট্রেশন 34: উচ্চ গতিতে সময় প্রসারণ

আর তুমি যখন খুব দ্রুত গতিতে চলতে থাকো, আলোর গতির একেবারে কাছাকাছি, তখন ঘটে এক অদ্ভুত ঘটনা: সময় যেন বাঁকে, আর টেনে লম্বা হয়ে যায়।

এই চমকে দেওয়া ধারণাটা এসেছে আলবার্ট আইনস্টাইনের বিশেষ আপেক্ষিকতার তত্ত্ব (special theory of relativity) থেকে, যা তিনি ১৯০৫ সালে প্রকাশ করেন। এই তত্ত্ব আমাদের বলে, সময় সবার জন্য একইভাবে আচরণ করে না, বিশেষ করে যখন মানুষ বা বস্তু খুব উচ্চ গতিতে চলতে থাকে।

সময় "টেনে লম্বা" হওয়া বলতে কী বোঝায়?

ইলাস্ট্রেশন 35: প্রসারিত সময়

দুই যমজের কথা ভাবো। একজন থাকে পৃথিবীতে, আর অন্যজন উঠে বসল এক মহাকাশযানে, যেটা আলোর গতির একেবারে কাছাকাছি গতিতে উড়ে যায়।

> পৃথিবীতে থাকা যমজের কাছে সময় চলে স্বাভাবিকভাবে, দিনের পর দিন কেটে যায়।
>
> কিন্তু মহাকাশযানে থাকা যমজের কাছে সময় চলে আরও ধীরে।

যখন ভ্রমণকারী যমজ পৃথিবীতে ফিরে আসে, তখন দেখা যেতে পারে, তার বয়স বেড়েছে মাত্র কয়েক বছর, অথচ পৃথিবীতে থাকা যমজের বয়স বেড়ে গেছে কয়েক দশক!

মজার ব্যাপার হলো, ভ্রমণকারী যমজের কাছে মহাকাশযানের ভেতরের সময়টা একদম স্বাভাবিকই লাগে। কিন্তু পৃথিবীর সময়ের তুলনায় তার ঘড়ি যেন টেনে লম্বা হয়ে যায়, মানে, তার ঘড়ি ধীরে টিকটিক করে। এই অদ্ভুত প্রভাবকে বলা হয় সময় প্রসারণ।

দৈনন্দিন গতিতে, যেমন দৌড়ানো, গাড়ি চালানো, বা বিমানে উড়া, এই প্রসারণ এতটাই ক্ষুদ্র যে আমরা টেরই পাই না। কিন্তু আলোর গতির কাছাকাছি পৌঁছে গেলে, এই প্রসারণ হয়ে ওঠে বিশাল! *59* নম্বর পৃষ্ঠায় থাকা **যমজ প্যারাডক্স কার্যক্রম**-টা করে দেখো। .

কেন খুব বেশি গতিতে সময় টেনে লম্বা হয়?

আইনস্টাইনের মতে, আলোর গতি হলো যেকোনো কিছুর জন্য সম্ভব সবচেয়ে দ্রুত গতি। আর প্রকৃতির নিয়ম এমনভাবে সাজানো যে, তুমি যত দ্রুতই চল, আলোর গতি সবার জন্য একইই থাকে (ধ্রুব থাকে)।

কিন্তু এটা "একই" রাখার জন্য প্রকৃতি একটা দারুণ কৌশল করে। তুমি যত দ্রুত চলতে থাকো,

> দূরত্ব সঙ্কুচিত হতে পারে।
>
> ভর বেড়ে যেতে পারে।
>
> সময় টেনে লম্বা হতে পারে।

এই সময়-প্রসারণ (time stretching) হলো প্রকৃতির একটা ভারসাম্য রক্ষার উপায়, সবকিছু ঠিকঠাক মেলে ধরে রাখার জন্য।

সময় টেনে লম্বা হওয়ার ফলাফল

খুব বেশি গতিতে সময় প্রসারিত হওয়ার ফলে অনেক গুরুত্বপূর্ণ ব্যাপার ঘটে:

দূর নক্ষত্রে ভ্রমণ: মানুষ যদি একদিন এমন মহাকাশযান বানাতে পারে, যা আলোর গতির একেবারে কাছাকাছি গতিতে চলতে পারে, তাহলে মহাকাশচারীরা অন্য নক্ষত্রের দিকে দীর্ঘ ভ্রমণে যেতে পারবে।

> তাদের কাছে সেই যাত্রা মনে হতে পারে মাত্র কয়েক বছরের।
>
> কিন্তু তারা যখন পৃথিবীতে ফিরে আসবে, তখন দেখা যেতে পারে হাজার হাজার বছর কেটে গেছে!

এর মানে, খুব উচ্চ গতির মহাকাশভ্রমণ একদিন মানুষকে গ্যালাক্সির দূর-দূরান্তে পৌঁছে দিতে পারে, কিন্তু এর সঙ্গে থাকবে এক অদ্ভুত মূল্য: তারা ফিরে এসে দেখবে, যে পৃথিবীকে তারা চিনত, সেটা আর আগের মতো নেই। 59 নম্বর পৃষ্ঠার যমজ প্যারাডক্স কার্যক্রমটা করে দেখো।

মহাকাশযান ও যন্ত্রপাতি সুরক্ষা: মহাকাশ থেকে আসা কণাগুলোকে বলা হয় কসমিক রে। এগুলো যখন আলোর গতির একেবারে কাছাকাছি গতিতে ছুটে চলে, তখন তাদের জন্য সময় টেনে লম্বা হয়ে যায়। তাই আমরা আজও কিছু খুব দ্রুত কণাকে শনাক্ত করতে পারি, যাদের তো স্বাভাবিকভাবে খুব তাড়াতাড়ি ক্ষয় হয়ে যাওয়ার কথা।

তাই মহাকাশযান আর স্যাটেলাইট ডিজাইন করার সময় বিজ্ঞানীদের টাইম ডাইলেশন, সময় প্রসারণ, বিষয়টা মাথায় রাখতে হয়, বিশেষ করে যখন সেগুলো মহাকাশের এই দ্রুতগামী কণার মুখোমুখি হয়।

মহাবিশ্বকে বোঝা: সময় প্রসারণ বিজ্ঞানীদের বুঝতে সাহায্য করে মহাবিশ্ব কীভাবে আচরণ করে। এতে ব্যাখ্যা করা যায়, কিছু কণা কেন প্রত্যাশার চেয়ে বেশি সময় টিকে থাকে, GPS স্যাটেলাইটের ঘড়িতে কেন বিশেষ সমন্বয় দরকার, এমনকি ব্ল্যাক হোল আর অন্যান্য মহাজাগতিক বস্তু চরম পরিস্থিতিতে কীভাবে আচরণ করে।

উপসংহার: কোনো বস্তু যখন আলোর গতির খুব কাছাকাছি গতিতে চলে, তখন তার জন্য সময় প্রসারিত হয়। যে ব্যক্তি স্থির দাঁড়িয়ে থাকে, তার কাছে চলন্ত ঘড়ি আরও ধীরে টিকটিক করে বলে মনে হয়।

এই বিস্ময়কর আবিষ্কার দেখায়, সময় কোনো শক্ত, অপরিবর্তনীয় জিনিস নয়। বরং তুমি যত দ্রুত চলবে, সময় ততই টানতে পারে, বাঁকতেও পারে।

সময় প্রসারণ আমাদের ভাবনাকে বদলে দেয়, মহাকাশভ্রমণ, মহাজাগতিক ঘটনা, আর ভবিষ্যতে মানুষের মহাবিশ্ব অন্বেষণের সম্ভাবনা, সবকিছু নিয়েই।

মাধ্যাকর্ষণ শক্তিশালী হলে সময় বাঁকে

আইনস্টাইনের সাধারণ আপেক্ষিকতার তত্ত্ব দেখিয়েছে যে মাধ্যাকর্ষণও সময়কে বাঁকাতে পারে।

মাধ্যাকর্ষণ হলো সেই বল, যা বস্তুদের একে অপরের দিকে টানে। কোনো বস্তু যত বেশি ভরযুক্ত (যেমন গ্রহ, নক্ষত্র, বা ব্ল্যাক হোল), তার মাধ্যাকর্ষণ তত বেশি শক্তিশালী।

তুমি যদি খুব ভারী কোনো কিছুর কাছে থাকো, তাহলে তার শক্ত মাধ্যাকর্ষণ তোমার আশেপাশের সময়কে ধীরে চালায়।

ইলাস্ট্রেশন 36: মাধ্যাকর্ষণে সময় ধীর হওয়া

উদাহরণ হিসেবে:

> তুমি যদি কোনো উঁচু পাহাড়ের চূড়ায় দাঁড়াতে, তাহলে সমুদ্রপৃষ্ঠে থাকা কারও তুলনায় তোমার জন্য সময় একটু দ্রুত কাটত, কারণ ওপরে মাধ্যাকর্ষণ সামান্য কম থাকে।
>
> আবার তুমি যদি ব্ল্যাক হোলের কাছে থাকতে, যেখানে মাধ্যাকর্ষণ ভয়ংকর শক্তিশালী, তাহলে সময় এত বেশি ধীরে চলত যে দূরে দাঁড়িয়ে দেখা কারও কাছে তা প্রায় থেমে গেছে বলেই মনে হতে পারে।

বিজ্ঞানীরা প্রায়ই বলেন, মাধ্যাকর্ষণ স্থানআর সময়, দুটোকেই একসাথে বাঁকায়। এই জোড়া জিনিসকে তারা বলে "স্থান-সময়"। ভাবো, স্থান-সময় যেন একখানা নরম রাবারের চাদর। তার ওপর তুমি যদি ভারী একটা বল রাখো, চাদরটা নিচের দিকে দেবে যায়। ঠিক তেমনি, ভীষণ ভরযুক্ত বস্তু স্থান-সময়কে বাঁকিয়ে দেয়, আর স্থান-সময় বাঁকলেই সময় নিজেও বাঁকে।

উপসংহার

সময় বাঁকানো শুধু সায়েন্স ফিকশন নয়, এটা মহাবিশ্ব কীভাবে কাজ করে তার একেবারে বাস্তব অংশ।

তুমি খুব দ্রুত চললে, তোমার জন্য সময় ধীরে চলে। তুমি খুব ভারী কোনো কিছুর কাছে থাকলেও, সময় ধীরে চলে।

আইনস্টাইনের আবিষ্কারের কারণে আমরা এখন জানি, সময় সবার জন্য একই গতিতে বয়ে যাওয়া সোজা, সহজ একটা নদী নয়। সময় হলো রহস্যময়, নমনীয় এক "বুনন", যা মহাবিশ্ব জুড়ে বাঁকে, টানে, আর নাচতে থাকে।

সময় কি শুধু একটা সিমুলেশনের অংশ?

দ্য ম্যাট্রিক্স (The Matrix) সিনেমায় কিয়ানু রিভস অভিনীত নীও (Neo) এক ভয়ংকর চমক আবিষ্কার করে: সে যে পৃথিবীকে সত্যি মনে করে, তার ঘর, তার কাজ, এমনকি সিরিয়ালের স্বাদও, বাস্তবে নাকি একদমই সত্যি নয়। সবই একটা কম্পিউটার প্রোগ্রাম। তার মন যেন এক ডিজিটাল স্বপ্নের ভেতর প্লাগ-ইন হয়ে আছে, আর তার "আসল" শরীর কোথাও অন্যত্র পড়ে আছে, কৃত্রিম বুদ্ধিমত্তা (AI) তাকে ব্যাটারি হিসেবে ব্যবহার করছে। এর মধ্যে আছে কুংফু, স্লো-মোশন কিক, আর মাথা ঘুরিয়ে দেওয়া প্রশ্ন, আসলটা কী?

কিন্তু এখানেই ব্যাপারটা আরও অদ্ভুত হয়ে ওঠে: বাস্তব জীবনের কিছু বিজ্ঞানী মনে করেন, এরকম কিছু হতে পারে! এই ধারণাটার নাম সিমুলেশন হাইপোথিসিস। শুনতে সায়েন্স ফিকশন লাগলেও, কিছু

তুখোড় চিন্তাবিদ এটাকে সিরিয়াসভাবে ভাবেন।

ইলাস্ট্রেশন 37: সময় কি সিমুলেশন?

সিমুলেশন হাইপোথিসিস বলে না যে দুষ্ট রোবটরা আমাদের ব্যাটারি বানিয়ে ফেলেছে (আহা, স্বস্তি!)। এমনও বলে না যে আমাদের দেহ থাকতেই হবে। বরং এটা একটা বড় প্রশ্ন তোলে: যদি আমরা যা দেখি, যা ছুঁই, যা বিশ্বাস করি, সবই কোনো উচ্চতর বুদ্ধিমত্তার বানানো অতি-উন্নত সিমুলেশনের অংশ হয়?

ভাবো তো, একটা সুপারকম্পিউটার, এতটাই শক্তিশালী যে মানুষ, গ্রহ, আর পিৎজাও "তৈরি" করতে পারে, আর সেগুলোকে একেবারে বাস্তব বলে মনে করাতে পারে। আমরা পার্থক্য বুঝব কীভাবে? কারণ তুলনা করার জন্য আমরা কখনও "সিমুলেশনের বাইরে" গিয়ে দেখিনি। আমাদের কাছে সবকিছুই সত্যি মনে হবে, কিন্তু আসলে সবই হতে পারে ডেটা।

আর এখানে সময়ের সঙ্গে যোগটা আসে: যদি আমরা একটা সিমুলেশনের ভেতর থাকি, তাহলে সময় নিজেও প্রোগ্রাম করা হতে পারে। ঘড়ির টিকটিক, ঋতুর বদল, আমাদের বড় হয়ে ওঠা, স্বপ্ন দেখা, সবই হতে পারে কম্পিউটার কোডের কৌশলী খেলা, সিমুলেশন যাতে মসৃণভাবে চলে তার জন্য লেখা নিয়ম। হতে পারে, কেউ না দেখলে সময় নড়েই না। হতে পারে, সিমুলেশনের বিভিন্ন জায়গায় সময় ভিন্নভাবে চলে। অথবা, সবচেয়ে মজার কল্পনা, সময়টা শুধু কোনো "কসমিক সেটিংস মেনু"-র একটা স্লাইডার!

আমরা জানি না আমরা সিমুলেশনে আছি কি না, আর হয়তো কখনওই নিশ্চিতভাবে জানতে পারব না। কিন্তু এই ধারণা আমাদের বিশাল কিছু প্রশ্ন করতে বাধ্য করে:

"আসল কী?"

"মহাবিশ্ব এমনভাবে কাজ করে কেন?"

আর, "আমরা যা কিছু জানি, এমনকি সময়ও, সব কি কোনো আরও বড় প্রোগ্রামের অংশ হতে পারে?"

রহস্য? অবশ্যই। অসম্ভব? হয়তো না।

সময়কে উল্টে দেওয়া যায় না

বেশিরভাগ বিজ্ঞানী একমত যে সময় সামনের দিকে যায়, আর একবার যা হয়ে গেছে, তাকে আগের মতো করে "আনডু" করা যায় না। তুমি যদি এক গ্লাস দুধ ফেলে দাও, সেটা জাদুর মতো করে আবার লাফ দিয়ে গ্লাসে ফিরে যায় না। একটা মোমবাতি জ্বলে গেলে, গলে যাওয়া মোম নিজে নিজে জড়ো হয়ে আবার ওপরে উঠে নতুন মোমবাতি হয়ে যায় না। দৈনন্দিন জীবনে এটা একদম স্পষ্ট: সময় এক দিকেই চলে, অতীত থেকে বর্তমান, আর বর্তমান থেকে ভবিষ্যৎ।

ইলাস্ট্রেশন 38: তুমি পরিষ্কার করতে পারো, কিন্তু "ঢেলে-ফেলা" ফিরিয়ে নিতে পারো না।

সময়ের এই "একমুখী রাস্তা"-কে বলা হয় *সময়ের তীর*। এর সঙ্গে জড়িয়ে আছে বিজ্ঞানের একটা ধারণা, এন্ট্রপি।

এন্ট্রপি এবং সময়ের তীর

এন্ট্রপি হলো এমন একটি বৈজ্ঞানিক শব্দ, যা বোঝায় সময়ের সঙ্গে সঙ্গে জিনিসপত্র কতটা এলোমেলো বা অগোছালো হয়ে যায়। তাপগতিবিদ্যার দ্বিতীয় সূত্র বলে, প্রকৃতির যেকোনো স্বাভাবিক প্রক্রিয়ায় অগোছালোভাব (এন্ট্রপি) সবসময় বাড়ে। যেমন:

> তুমি যদি ডিম ভেঙে ফেলো, সেটা হয়ে যায় একটা এলোমেলো মিশ্রণ। ডিম ফাটিয়ে ভাজা/ঝুরো করা সহজ, কিন্তু সেই ঝুরো ডিমকে আবার আগের মতো খোলসসহ "ডিম" বানানো ভীষণ কঠিন, প্রায় অসম্ভব।
>
> তুমি যদি লাল আর নীল রং মিশিয়ে দাও, তা হলে বেগুনি রং হয়। রং দুটো নিজেরা নিজে আলাদা হয়ে আবার লাল-নীল হয়ে যায় না।

এন্ট্রপি যেহেতু সবসময় বাড়ে, তাই সেটা সময়কে একটা দিক দেয়। জিনিসপত্র গোছানো থেকে অগোছালো দিকে যায়, আর তাই আমরা বুঝতে পারি কোনটা "আগে" (অতীত) আর কোনটা "পরে" (ভবিষ্যৎ)। বিজ্ঞানীরা মনে করেন, এন্ট্রপি বাড়তেই থাকার কারণটাই সময়কে উল্টোদিকে যেতে না দেওয়ার প্রধান কারণগুলোর একটি।

সময় উল্টে দেওয়া নিয়ে নতুন বৈজ্ঞানিক তত্ত্ব

সময়কে "আনডু" করা অসম্ভব বলেই মনে হয়, কিন্তু কিছু নতুন বৈজ্ঞানিক তত্ত্ব খতিয়ে দেখে, খুবই বিশেষ কিছু অবস্থায় এটা কি আদৌ সম্ভব হতে পারে?

কোয়ান্টাম মেকানিক্স এবং উল্টে যেতে পারে এমন ঘটনা: কোয়ান্টাম মেকানিক্সের (অতি ক্ষুদ্র কণাদের বিজ্ঞান) অদ্‌ভুত জগতে কিছু প্রক্রিয়া উল্টোদিকেও ঘটতে পারে, মানে, পরমাণু আর কণার স্তরে পদার্থবিজ্ঞানের নিয়ম সময়কে পিছিয়ে চলার ধারণাটাকে সব সময় কড়াভাবে নিষিদ্ধ করে না।

তবে বাস্তব জীবনে যখন লক্ষ লক্ষ, না, কোটি কোটি কণা একসাথে থাকে, তখন সবকিছু ভীষণ জটিল হয়ে যায়। তখন এন্ট্রপি বাড়তে থাকে, আর সময়ের স্বাভাবিক সামনের দিকে প্রবাহ আবার ফিরে আসে।

কিছু বিজ্ঞানী তো কোয়ান্টাম কম্পিউটার দিয়ে ছোট ছোট পরীক্ষায় এমনও দেখিয়েছেন, একেবারে ক্ষুদ্র সিস্টেম যেন সামান্য সময়ের জন্য নিজের "অবস্থা" উল্টে ফেলে। কিন্তু এটা কাজ করে খুব কম কণার ক্ষেত্রে, আর খুব অল্প সময়ের জন্য। এটা এমন নয় যে ভাঙা গ্লাস নিজে নিজে জোড়া লেগে যাবে বা তুমি তোমার দুপুরের খাবার "আন-খাওয়া" করে ফেলবে!

আদিম মহাবিশ্ব নিয়ে তত্ত্ব: কিছু বিজ্ঞানীর ধারণা, বিগ ব্যাং–এর ঠিক পরপরই সময়ের নিয়ম হয়তো আলাদা ছিল।

মহাবিশ্বের একেবারে প্রথম ক্ষুদ্র মুহূর্তগুলোতে সময় হয়তো ছিল "সমমিত", মানে, সামনে বা পিছনে, দুই দিকেই চলতে পারত। কিন্তু মহাবিশ্ব যত প্রসারিত হলো আর ঠান্ডা হলো, এন্ট্রপি বাড়তে শুরু করল, আর সময় যেন "লক" হয়ে গেল, শুধু সামনের দিকেই চলবে।

আরও কিছু তত্ত্ব বলে, খুব অদ্‌ভুত জায়গায়, যেমন ব্ল্যাক হোলের ভেতরে, বা মাল্টিভার্স (multiverse: অনেকগুলো মহাবিশ্ব আছে, এই ধারণা)–এর মধ্যে, সময়ের তীর হয়তো অন্যভাবে আচরণ করতে পারে। কিন্তু এগুলো এখনো বেশিরভাগই অনুমান, এখনো নিশ্চিত প্রমাণ নেই।

উপসংহার: দৈনন্দিন জীবনে সময়কে উল্টে দেওয়া যায় না। মহাবিশ্বের অগোছালোভাব (এন্ট্রপি) বাড়তে থাকায় সময় নিশ্চিতভাবেই সামনের দিকে এগোয়।

কোয়ান্টামের ক্ষুদ্র পরীক্ষায় সময় অল্প সময়ের জন্য অদ্‌ভুত আচরণ করতে পারে, আর কিছু দুঃসাহসী তত্ত্ব কল্পনা করে, কোথাও কোথাও সময় ভিন্নভাবে বইতে পারে। কিন্তু আপাতত, অতীত তো অতীতই, আর আমরা ধীরে ধীরে এগিয়ে চলি ভবিষ্যতের দিকে।

বিজ্ঞান এখনো সময়ের প্রকৃতি নিয়ে প্রশ্ন করে চলেছে, ভবিষ্যতের আবিষ্কার হয়তো আমাদের জানা বদলে দিতে পারে। কিন্তু আজকের

জন্য, সময়ের তীর সামনের দিকেই, আর ফেলে দেওয়া দুধ, সেটা পড়েই থাকে।

কারণ–ফল সময়ের সঙ্গে জড়ানো

আমাদের দৈনন্দিন জীবনে ঘটনাগুলো সাধারণত একটা নির্দিষ্ট ক্রমে ঘটে। তুমি বল ছুড়ে দিলে, তারপর বলটা বাতাসে উড়ে যায়। তুমি সুইচ টিপলে, তারপর আলো জ্বলে ওঠে। এক ঘটনা আরেকটা ঘটনাকে ঘটায়, এই ধরনটাকেই বলা হয় কারণ ও ফল।

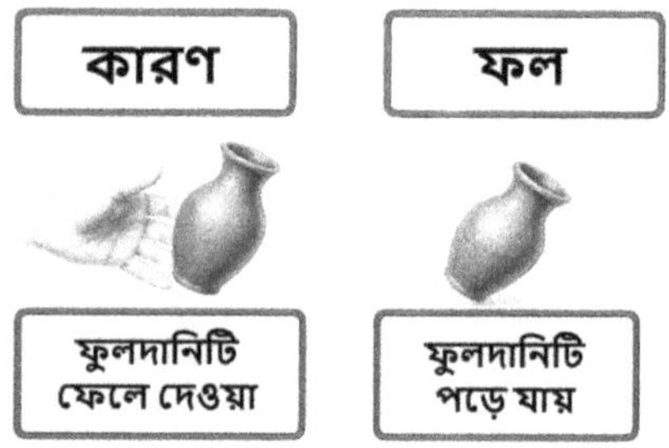

ইলাস্ট্রেশন 39: কারণ ও ফল

কারণ–ফল সময়ের সঙ্গে খুব গভীরভাবে যুক্ত। আসলে সময়ই ঘটনাগুলোকে ঠিকঠাক সারিতে সাজিয়ে দেয়: আগে কারণ ঘটে, তারপর তার ফল আসে। সময় যদি সামনে দিকে না চলত, তাহলে কারণ–ফল কথাটাই আর ঠিকমতো মানে করত না।

কারণ ও ফল কী?

কারণ হলো এমন কিছু, যা আরেকটা ঘটনাকে ঘটায়। আর ফল হলো, কারণের কারণে যা ঘটে। যেমন:

> তুমি টেবিল থেকে একটা গ্লাস ঠেলে ফেলে দিলে (কারণ), আর গ্লাসটা পড়ে ভেঙে গেল (ফল)।
>
> তুমি পরীক্ষার জন্য মন দিয়ে পড়াশোনা করলে (কারণ), আর ভালো নম্বর পেলে (ফল)।
>
> একটা আগ্নেয়গিরি ফেটে গেল (কারণ), আর আকাশ ছাইয়ে ভরে গেল (ফল)।

প্রতিটি ক্ষেত্রেই, কারণ আগে, ফল পরে। সময় একটা স্পষ্ট দিক তৈরি করে: আগে, তারপর পরে।

কারণ–ফলের জন্য সময় কেন এত জরুরি

সময় যদি একদিকেই না চলত, তাহলে কারণ–ফল গুলিয়ে যেতে পারত। ভাবো তো, কেউ স্পর্শ করার আগেই গ্লাস ভেঙে গেল, বা তুমি সুইচ না টিপেই আলো জ্বলে উঠল!

ভীষণ গোলমেলে, তাই না? আর এতে মহাবিশ্ব সাধারণত যেভাবে কাজ করে, সেই নিয়মটাই ভেঙে যেত।

বিজ্ঞানীদের মতে, সময়ের তীর, মানে সময় অতীত থেকে ভবিষ্যতের দিকে যায়, এই ধারণাটাই কারণ–ফলকে সম্ভব করে। সময় সামনে দিকে বয়ে যাওয়ায় কারণ আগে আসে, ফল পরে আসে, আর তাই পৃথিবীটা "বোঝা যায়"।

কোয়ান্টাম পদার্থবিজ্ঞানের অদ্‌ভুত জগতে কী হয়?

খুব ক্ষুদ্র কণাদের জগৎ, কোয়ান্টাম পদার্থবিজ্ঞান, কখনও কখনও অদ্‌ভুত আচরণ দেখায়। কিছু পরীক্ষায় ইঙ্গিত মেলে যে, একেবারে ছোট কণার ক্ষেত্রে কারণ–ফল সব সময় এতটা সহজ নাও হতে পারে।

কিছু পরিস্থিতিতে মনে হতে পারে, ফলটা যেন কারণের একই সময়ে ঘটে, অথবা কারণ আর ফল মিশে গেছে!

তবে আমরা যখন মানুষ, গাছ, সমুদ্র, গ্রহ, এই বড় জগতে ফিরে আসি, তখন কারণ–ফলের নিয়ম আবার স্বাভাবিক হয়ে যায়। কারণ বড় সিস্টেমে সময় তার সামনের দিকের প্রবাহ বজায় রাখে, আর ঘটনাগুলো আবার সেই পরিচিত ছকে চলে: আগে কারণ, তারপর ফল।

উপসংহার

কারণ–ফল নির্ভর করে সময় সামনে দিকে চলার ওপর।

কারণ আগে ঘটে।

সময় সামনে দিকে চলে।

তারপর ফল ঘটে।

সময়ের প্রবাহ না থাকলে কারণ–ফল তার মানে হারিয়ে ফেলত। সময়ের স্থির, একমুখী চলার জন্যই আমাদের পৃথিবীটা তুলনামূলকভাবে গোছানো ও বোঝার মতো থাকে।

ক্ষুদ্র কণারা মাঝে মাঝে অদ্‌ভুত আচরণ করলেও, আমাদের দৈনন্দিন জীবনে সময় একটা গুরুত্বপূর্ণ নিয়মকে পাহারা দেয়: আগে কারণ, তারপর ফল।

ইলাস্ট্রেশন 40: চক্রাকার সময়

চক্রাকার সময়

সময় নিয়ে ভাবলে আমরা সাধারণত কল্পনা করি, এটা যেন একটা সোজা রেখা ধরে

চলে: অতীত থেকে বর্তমান, আর বর্তমান থেকে ভবিষ্যৎ। এই ধারণাটাকে বলা হয় রৈখিক সময়।

কিন্তু ইতিহাস জুড়ে অনেক সংস্কৃতি আর চিন্তাবিদ বিশ্বাস করেছেন আরেকটা ভিন্ন ধারণায়, চক্রাকার সময় (cyclical time)। এই বিশ্বাস অনুযায়ী সময় একটা বৃত্তের মতো ঘোরে, আর একই রকম ধারা বারবার ফিরে আসে।

চক্রাকার সময়ে ঘটনা শুধু সামনে এগিয়েই চলতে থাকে না। বরং মহাবিশ্ব নিজেকে অন্তহীন চক্রে বারবার পুনরাবৃত্তি করে, যেমন ঋতু বদলায়: বসন্ত → গ্রীষ্ম → শরৎ → শীত → আবার বসন্ত।

চক্রাকার সময় নিয়ে প্রাচীন বিশ্বাস

অনেক প্রাচীন সভ্যতাই চক্রাকার সময়ে বিশ্বাস করত:

- প্রাচীন হিন্দুধর্মে বলা হয়, মহাবিশ্ব সৃষ্টি–ধ্বংস–পুনর্জন্মের অন্তহীন চক্রের মধ্যে দিয়ে যায়, এই বিশাল চক্রগুলোকে বলা হয় কল্প (kalpas)।
- মায়ানরা বিশ্বাস করত একটি বিশাল মহাজাগতিক ক্যালেন্ডারে, যেখানে সময় নির্দিষ্ট চক্রে ঘোরে এবং মানুষ ও জাতির ভাগ্যকে প্রভাবিত করে।
- গ্রিকরা বলত "মহাবর্ষ" (Great Year)–এর কথা, একটা দীর্ঘ চক্র, যার পরে গ্রহ–নক্ষত্র আবার তাদের পুরোনো অবস্থানে ফিরে আসে, আর ঘটনা নাকি আবারও ঘটতে পারে।

এই সংস্কৃতিগুলোর কাছে সময় ছিল এক বিশাল চাকা, যেটা সব সময় ঘোরে, সত্যিকারের শুরু বা শেষ নেই।

প্রকৃতিতে চক্রাকার সময়ের উদাহরণ

প্রকৃতিতেও আমরা চক্রাকার ধারা দেখতে পাই:

- দিন–রাত প্রতি ২৪ ঘণ্টায় বারবার ফিরে আসে।
- ঋতুগুলো নিয়ম করে সাজানো, বছরের পর বছর একই ক্রমে ঘুরে আসে।
- গাছপালা ও প্রাণীদের জীবনচক্রও একটা ধারা মেনে চলে: জন্ম → বৃদ্ধি → মৃত্যু → নতুন জন্ম।

এই পুনরাবৃত্ত ধারা জীবনে একটা ছন্দ তৈরি করে, ঠিক যেন ঘড়ির কাঁটা বৃত্তাকারে ঘুরে চলেছে।

চক্রাকার সময় নিয়ে আধুনিক বৈজ্ঞানিক ধারণা

আজকাল বেশিরভাগ বিজ্ঞানী মহাবিশ্ব বোঝার সময় রৈখিক সময়–এর ধারণাই ব্যবহার করেন। তবে কিছু আধুনিক তত্ত্ব ইঙ্গিত দেয়, সময় নিজেও এমনভাবে চক্রাকার হতে পারে, যেটা আমরা এখনো পুরোপুরি বুঝিনি। যেমন:

> বিগ বাউন্স তত্ত্ব বলে, মহাবিশ্ব হয়তো বিগ ব্যাং এবং বিগ ক্রাঞ্চ–এর অন্তহীন চক্রে যেতে পারে, প্রসারিত হবে, আবার সংকুচিত হবে, তারপর আবার প্রসারিত হবে।
>
> ব্ল্যাক হোল আর কসমিক ইনফ্লেশন নিয়ে কিছু ধারণাও সম্ভাবনা রাখে যে, খুব বড় স্কেলে সময় কখনও কখনও পুনরাবৃত্ত ধারা মেনে চলতে পারে।

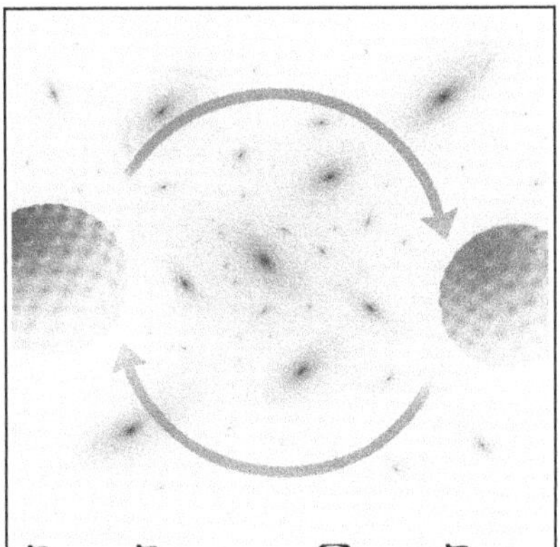

ইলাস্ট্রেশন 41: বিগ বাউন্স তত্ত্ব

এই ধারণাগুলো এখনো গবেষণাধীন, আর বিজ্ঞানীরা এখনো প্রমাণ করতে পারেননি যে মহাবিশ্ব-জুড়ে সময় সত্যিই সম্পূর্ণ চক্রাকার। কিন্তু এগুলো দেখায়, সময়ের রহস্য আজও বিজ্ঞানে একেবারে জীবন্ত।

উপসংহার

চক্রাকার সময় হলো এই ধারণা যে সময় অনন্ত বৃত্তে ঘোরে, আর ঘটনা বারবার ফিরে আসে। অনেক প্রাচীন সংস্কৃতি এতে বিশ্বাস করত, আর প্রকৃতিতেও আমরা এমন পুনরাবৃত্ত ছন্দ দেখি।

যদিও আধুনিক বিজ্ঞান সাধারণত সময়কে সোজা পথে চলা বলে ধরে, নতুন কিছু তত্ত্ব বলছে, বিশেষ অবস্থায় সময় মহাবিশ্ব জুড়ে চক্রেও চলতে পারে। সময় সোজা রাস্তা হোক বা ঘুরে চলা চাকা, এটা এখনো আমাদের পৃথিবীর সবচেয়ে বড় রহস্যগুলোর একটি।

ব্লক টাইম: মহাবিশ্ব কি জমে আছে?

ধরো, সময় সত্যিই “বয়ে যায়” না, শুধু আমাদের তাই মনে হয়। যদি সময় আসলে নদীর মতো অতীত থেকে ভবিষ্যতের দিকে ছুটে না চলে… তাহলে?

কিছু বিজ্ঞানী এমনই এক রহস্যময় ধারণার কথা বলেন, যার নাম ব্লক টাইম। ব্লক টাইম–এর ধারণায় অতীত, বর্তমান, আর ভবিষ্যৎ, সবই একসাথে অস্তিত্বশীল। যেন একটা বিশাল, অপরিবর্তনীয় “ব্লক”, যার ভেতরে যা যা ঘটেছে এবং যা যা ঘটবে, সবই একসাথে আছে।

ভাবো একটা কমিক বই। প্রতিটা প্যানেলে আলাদা মুহূর্ত: নায়ক ঘুম থেকে উঠছে, খলনায়ক একটা রত্ন চুরি করছে, বৃষ্টির মধ্যে শেষ লড়াই। তুমি পড়তে পড়তে এক প্যানেল থেকে আরেক প্যানেলে যাও, একটা মুহূর্ত করে। কিন্তু পুরো গল্পটা তো আগেই সেখানে আছে! সব পৃষ্ঠা আগেই আঁকা।

ইলাস্ট্রেশন 42: *ব্লক টাইম*

ব্লক টাইম বলছে, মহাবিশ্বও নাকি ঠিক তেমন: আমরা শুধু প্যানেল উল্টে উল্টে দেখছি, একটার পর একটা, যখন পুরো গল্পটা আগেই "অস্তিত্বে" রয়েছে।

এই দৃষ্টিভঙ্গিতে, "এখন" বলে কোনো মুহূর্ত অন্য মুহূর্তের চেয়ে বেশি "বাস্তব" নয়। গতকাল, আজ, আর আগামীকাল, সবই সমানভাবে বাস্তব। আমাদের মন, আমাদের স্মৃতি আর ইন্দ্রিয়ই এমন অনুভূতি তৈরি করে যেন সময় চলছে।

ভাবনাটা সত্যিই অদ্‌ভুত। যদি প্রতিটা মুহূর্ত আগেই থাকে, তাহলে আমাদের ইচ্ছাশক্তি (free will) কোথায়? আমরা কি নিজের পথ বেছে নিই, নাকি শুধু এমন একটা পথেই হাঁটি, যেটা আগেই আঁকা ছিল? কিছু বিজ্ঞানী বলেন, ব্লক টাইম সত্যি হলেও আমাদের সিদ্ধান্তগুলোও ওই ব্লকের অংশ, আমরা সত্যিই বেছে নিই, শুধু... আমরা "সবসময়ই" এটাই বেছে নিতে যাচ্ছিলাম।

ব্লক টাইম-এর একটা মজার ফল: এটা সময়ভ্রমণকে নাকি "প্যারাডক্স" ছাড়াই ভাবতে দেয়। কারণ সময় যদি জমে থাকে, তাহলে কোনো নতুন প্যারাডক্স তৈরি হওয়ার সুযোগ নেই। সবকিছু আগেই ঘটেছে, তাই এমন কিছু ঘটতে পারে না যা সময়ের প্যারাডক্স বানিয়ে ফেলবে।

ব্লক টাইম আমাদের দৈনন্দিন অভিজ্ঞতার মতো মনে হয় না। কিন্তু অনেক পদার্থবিজ্ঞানী বলেন, এটা আইনস্টাইনের আপেক্ষিকতার তত্ত্বের সঙ্গে মেলে, আর মহাবিশ্বকে যেভাবে দেখতে লাগে, তার সঙ্গেও বেশ খাপ খায়। "সবকিছু আগেই আছে" এমন এক জমাট মহাবিশ্ব কল্পনা করা সহজ নয়। কিন্তু কখনও কখনও সত্যিটা আমাদের কল্পনার থেকেও বেশি অদ্‌ভুত হয়।

আর ব্লক টাইম হয়তো সেই অদ্‌ভুত সত্যগুলোরই একটা। 61 নম্বর পৃষ্ঠার ব্লক টাইম কার্যক্রমটা করে দেখো।

অতিনির্ভুল ঘড়ি কীভাবে সময়কে "বাঁকিয়ে" দিতে পারে

সময় এমনিতেই অদ্ভুত, কিন্তু যত কাছে গিয়ে তাকাও, ততই আরও অদ্ভুত হয়ে ওঠে।

ইলাস্ট্রেশন 43: সময়কে "বাঁকাচ্ছে" পরমাণু ঘড়ি

তোমার মনে হতে পারে মহাবিশ্বে একটা বিশাল "মাস্টার ঘড়ি" আছে, যেটা সবকিছুকে একসাথে তাল মিলিয়ে চালায়, যেন কোনো মহাজাগতিক কন্ডাক্টর নক্ষত্র, গ্রহ, আর মানুষের জন্য একটাই বিট ধরে রাখছে। কিন্তু বিজ্ঞানীরা দেখেছেন, আসলে তা নয়। সময় সবার জন্য একভাবে টিকটিক করে না। তুমি কত দ্রুত চলছ, বা তোমাকে কতটা জোরে মাধ্যাকর্ষণ টানছে, তার ওপর নির্ভর করে সময় প্রসারিত হতে পারে, ছোট হতে পারে, এমনকি বেঁকেও যেতে পারে।

এবার পদার্থবিদরা আরও এক ধাপ এগিয়েছেন। তারা বিজ্ঞানের দুইটা সবচেয়ে গুরুত্বপূর্ণ ধারণা, কোয়ান্টাম মেকানিক্স (অতি ক্ষুদ্র কণারা কীভাবে আচরণ করে) আর সাধারণ আপেক্ষিকতা (মাধ্যাকর্ষণ কীভাবে স্থান ও সময়কে প্রভাবিত করে), এ দুটোকে একসাথে রেখে একটা অদ্ভুত প্রশ্ন পরীক্ষা করেছেন: আমরা যত বেশি নিখুঁতভাবে সময় মাপতে চাই, তত বেশি হয়তো আমরা তার চারপাশের সময়টাকেই "গোলমাল" করে ফেলি!

থামো... কী?!

চলো, একটু পেছন থেকে বুঝি। কোয়ান্টাম মেকানিক্সে আছে হাইজেনবার্গের অনিশ্চয়তা নীতি। এটা বলে, একসাথে সবকিছু একদম নিখুঁতভাবে মাপা যায় না। যেমন, তুমি যদি কোনো কিছুর অবস্থান একদম ঠিকভাবে জানো, তাহলে তার গতি কত, এটা ঠিকভাবে জানা আরও কঠিন হয়ে যায়। এটা "আরও ভালো মাইক্রোস্কোপ" থাকলেই ঠিক হবে, এমন নয়। এটা মহাবিশ্বের নিয়ম, জিনিসপত্র এমনই চলে।

এবার ভাবো, এমন একটা ঘড়ির কথা, যা এক সেকেন্ডের থেকেও অনেক ক্ষুদ্র ক্ষুদ্র টুকরো সময় মাপতে পারে, একেবারে ক্ষুদ্রতম "সময়ের কণা" যেন! বিজ্ঞানীদের মতে, ঘড়ি যত বেশি নিখুঁত হবে, তত বেশি অনিশ্চয়তা তৈরি হবে, ঘড়িটা কত শক্তি ব্যবহার করছে, সেটা নিয়ে। আর শক্তি, আইনস্টাইনের বিখ্যাত সমীকরণ $E = mc^2$ অনুযায়ী, ভরের সঙ্গে জড়িত। আর ভর কী করে? ভর স্থান আর সময়কে বাঁকায়।

তাহলে “টুইস্ট”টা হলো: একটা অতিনির্ভুল ঘড়ি হয়তো নিজের চারপাশের সময়কে অল্প করে বিকৃত করে দিতে পারে, এতটাই যে সে যে সময় মাপতে চাইছে, ঠিক সেই সময়টাই সামান্য ঝাপসা হয়ে যায়!

অবশ্যই, এটা তোমার ডিজিটাল ঘড়ি বা রান্নাঘরের টাইমারের ক্ষেত্রে হবে না। এটা শুধু খুব উন্নত ল্যাবে ঘটে, যেখানে অ্যাটমিক ঘড়ি এতটাই নিখুঁত যে তারা এক সেকেন্ডের একশো কোটি ভাগের এক ভাগ (বিলিয়নথ অফ আ সেকেন্ড) ব্যবধানের পরিবর্তনও ধরতে পারে। তবুও এই ধারণা বিজ্ঞানীদের একটা বিশাল রহস্যের দিকে ঠেলে দেয়: সময় আসলে কী?

তাই তোমার স্কুলের দিনটা হঠাৎ করে দ্রুত বা ধীরে চলতে শুরু করবে না শুধু কেউ স্টপওয়াচ চালু করল বলে। কিন্তু এই গবেষণা আমাদের দেখায়, সময় মোটেও সোজা-সাপটা নয়। সময় নমনীয়, রহস্যময়, আর মহাবিশ্বের গঠন-ভিতরের সঙ্গে গভীরভাবে জড়ানো।

আর আমরা যত বেশি নিখুঁতভাবে তাকে ধরে রাখতে চাই… সে ততই যেন আঙুল ফাঁক গলে সরে যেতে চায়।

কাল্পনিক সময়

সময় বলতে তুমি সম্ভবত এমন কিছুকেই ভাবো, যা সামনে দিকে চলে, সেকেন্ডে সেকেন্ডে, ঘণ্টায় ঘণ্টায়, ঘড়ির টিকটিকের মতো। এটাকে বলা হয় বাস্তব সময়, আর এটাই আমরা প্রতিদিন অনুভব করি।

কিন্তু বিজ্ঞানীরা আরও একটা ভিন্ন ধারণা তৈরি করেছেন, কাল্পনিক সময়। নামটা শুনলেই একটু অদ্ভুত লাগে, কিন্তু ব্ল্যাক হোল বা মহাবিশ্বের শুরু, এমন কঠিন বিষয় বুঝতে এই ধারণা নাকি বেশ কাজে লাগে।

কাল্পনিক সময় মানে “ভান করা” সময় নয়। এটা উন্নত গণিত আর পদার্থবিজ্ঞানে ব্যবহৃত একটা বাস্তব ধারণা। এখানে “কাল্পনিক” শব্দটা এসেছে গণিতের কাল্পনিক সংখ্যা থেকে, যেখানে ব্যবহৃত হয় ঋণাত্মক একের বর্গমূল, মানে $\sqrt{-1}$।

কাল্পনিক সময় কীভাবে আলাদা?

বাস্তব সময়ে আমরা চলি অতীত → বর্তমান → ভবিষ্যৎ। একটা স্পষ্ট দিক থাকে: গতকাল আগে ঘটেছে, আজ তার পরে, আর আগামীকাল হবে তারও পরে।

কিন্তু কাল্পনিক সময় আলাদা:

> এর শুরু বা শেষ নাও থাকতে পারে।
>
> এটা সময়ের চেয়ে স্থানের মতো বেশি আচরণ করতে পারে।

> অতীত থেকে ভবিষ্যতের দিকে যাওয়ার একটা স্পষ্ট "তীর" থাকে না।

ভাবো, তুমি একটা বৃত্তের ওপর হাঁটছ। বৃত্তে কোনো বিশেষ "শুরু" বা "শেষ" নেই, তুমি চাইলে ঘুরতেই থাকতে পারো। কাল্পনিক সময়ও অনেকটা সেই বৃত্তের মতো, যেখানে সময় সোজা রেখা না হয়ে এক ধরনের বন্ধ, মসৃণ লুপ তৈরি করে।

বিজ্ঞানীরা কাল্পনিক সময় কেন ব্যবহার করেন?

স্টিফেন হকিং–এর মতো বিজ্ঞানীরা বলেছেন, কিছু ভীষণ জটিল প্রশ্ন বোঝাতে কাল্পনিক সময় কাজে লাগতে পারে। যেমন:

বিগ ব্যাং–এর আগে কী ছিল?

বাস্তব সময়ে মনে হয়, বিগ ব্যাং দিয়েই সময় শুরু। কিন্তু কাল্পনিক সময়ে "শুরুর" দরকারই নাও হতে পারে, সময়টা হতে পারে বলের পৃষ্ঠের মতো মসৃণ, বাঁকানো একটা আকার, যেখানে কোনো ধারালো শুরু নেই।

ব্ল্যাক হোলের ভেতরে/কাছাকাছি কী ঘটে?

ব্ল্যাক হোলের মাধ্যাকর্ষণ এত শক্তিশালী যে স্থান আর সময়কে চরমভাবে বেঁকিয়ে দেয়। সেখানে বাস্তব সময় আর স্থান যেন গুলিয়ে যায়। কাল্পনিক সময় বিজ্ঞানীদের সেই অদ্ভুত পরিবেশের বর্ণনা ও হিসাব করতে সাহায্য করতে পারে।

এভাবে হিসাবের মধ্যে কাল্পনিক সময় ব্যবহার করে বিজ্ঞানীরা মহাবিশ্বের সবচেয়ে রহস্যময় অংশগুলোকে আরও ভালোভাবে বোঝার চেষ্টা করেন।

কাল্পনিক সময় কি "সত্যি"?

কাল্পনিক সময় হলো একটা গণিত–পদার্থবিজ্ঞানের টুল, যা দিয়ে কঠিন সমস্যার সমাধান করা সহজ হয়। এটা হয়তো এমন কিছু নয়, যা আমরা বাস্তব সময়ের মতো অনুভব করতে পারি।

কিছু বিজ্ঞানী মনে করেন, কাল্পনিক সময় শুধু চরম পরিস্থিতিতে জিনিসপত্র কীভাবে আচরণ করে, তার বর্ণনা দেওয়ার একটা সুবিধাজনক ভাষা। আবার কেউ কেউ ভাবেন, এটা মহাবিশ্বের গঠন সম্পর্কে আরও গভীর সত্যের দিকে ইঙ্গিতও করতে পারে।

আমরা কাল্পনিক সময়ে হেঁটে বেড়াতে না পারলেও, এটা নিয়ে পড়াশোনা বিজ্ঞানীদের বড় বড় প্রশ্ন করতে সাহায্য করে:

> "সময়ের কি আদৌ কোনো শুরু নেই?"

“আগে–পরে স্পষ্ট না থাকলেও কি মহাবিশ্ব থাকতে পারে?”

এগুলোই আজকের বিজ্ঞানের সবচেয়ে বড় রহস্যগুলোর কয়েকটা।

উপসংহার

কাল্পনিক সময় এক দারুণ ধারণা, যেখানে সময় অনেকটা স্থানের মতো আচরণ করে, আর স্পষ্ট শুরু–শেষ নাও থাকতে পারে।

এটা আমাদের দৈনন্দিন অভিজ্ঞতার অংশ না হলেও, ব্ল্যাক হোল, বিগ ব্যাং, আর মহাবিশ্বের গভীরতম গোপন কথা অনুসন্ধান করতে বিজ্ঞানীদের সাহায্য করে।

কাল্পনিক সময় দেখায়, বিজ্ঞানে কখনও কখনও সবচেয়ে “বুনো” ধারণাগুলোই খুলে দেয় সবচেয়ে বড় আবিষ্কারের দরজা।

সময় কি সত্যি?

তুমি হয়তো কখনও শুনেছ, গ্যালাক্সির মোজা পরা কোনো দারুণ বিজ্ঞান শিক্ষক, কিংবা খালার ডিনার পার্টির কোনো অতিথি (যে ব্ল্যাক হোলের কথা না তুললে শান্তি পায় না!) বলে বসেছে: “সময় আসলে সত্যি নয়।” শুনতে একেবারে পাগলাটে লাগে, তাই না? যেন শুধু সায়েন্স ফিকশনই এমন কথা বলতে সাহস করবে। কিন্তু টুইস্টটা হলো, কিছু বিজ্ঞানী সত্যিই এর সঙ্গে একমত!

ইলাস্ট্রেশন 44: সময় পর্যবেক্ষণ করছে মস্তিষ্ক

এই ধারণাটা আসে সময় সম্পর্কে বি-তত্ত্ব (B-theory of time) থেকে। এটা শুধু জিভে জড়ানো কথা নয়, এটা তো মগজ-জড়ানো কথা! বি-তত্ত্ব বলে, সময় নদীর মতো বয়ে যাচ্ছে না। বরং অতীত, বর্তমান, আর ভবিষ্যৎ, সবই সমানভাবে আছে, পাশাপাশি, মহাজাগতিক স্ক্র্যাপবুকের ছবির মতো। বদলায় সময় নয়, বদলাই তুমি। তোমার মন, স্মৃতি, অনুভূতি, এসবই একটা মুহূর্তকে “এখন” বলে মনে করায়, আর অন্যটাকে “তখন”।

এই দৃষ্টিভঙ্গিতে সময় এক ধরনের ভ্রম, মানে এই নয় যে সময় একেবারেই নেই, বরং আমাদের সময়-অনুভূতিটা মহাবিশ্বের চেয়ে বেশি নির্ভর করে আমাদের মস্তিষ্ক কীভাবে কাজ করে তার ওপর। তোমার মনে হয় সময় যাচ্ছে, টিকটিক করছে, বদলাচ্ছে। কিন্তু মহাবিশ্বের চোখে? সবকিছু হয়তো শুধু আছে, অপরিবর্তিত, স্থির, সময়হীন।

আধুনিক পদার্থবিদরা এটাকে সিরিয়াসভাবে নেন। আপেক্ষিকতা অনুযায়ী সময় সব জায়গায় এক রকম আচরণ করে না। ভরযুক্ত বস্তুর কাছে সময় বাঁকে। তুমি দ্রুত চললে সময় ধীরে চলে। সময় নির্ভর করে তুমি কোথায় আছ, আর কীভাবে চলছ। সবার জন্য একটাই "সার্বজনীন ঘড়ি", এমন কিছু নেই।

তাহলে, সময় কি সত্যি? উত্তরটা নির্ভর করে তুমি "সত্যি" বলতে কী বোঝো তার ওপর। আমাদের কাছে সময় একেবারে বাস্তব। আমরা বয়স বাড়াই, জন্মদিন পালন করি, গতকালের কথা মনে রাখি, আর আগামীকালের পরিকল্পনা করি। কিন্তু মহাবিশ্ব হয়তো সময়কে একদম অন্যভাবে দেখে। তার কাছে হয়তো শুরু–মাঝ–শেষ বলে স্পষ্ট কিছু নেই।

হয়তো... সে সবকিছু একসাথেই দেখে।

অধ্যায় ৪ – সময়ের অনুভূতি

ইলাস্ট্রেশন 45: সময়ের উপলব্ধি

তুমি কি কখনও খেয়াল করেছ, মজা করতে করতে সময় যেন একদম দৌড় দেয়, আর বিরক্ত লাগলে সময়টা যেন গিয়ে কচ্ছপের মতো হামাগুড়ি দেয়? ঘড়ি অবশ্য সব সময় একই গতিতে টিকটিক করে, কিন্তু আমাদের সময়-অনুভূতি মোটেও সব সময় একরকম লাগে না। কারণ সময়কে আমরা যেভাবে অনুভব করি, সেটা আসলে আমাদের মনেরই তৈরি।

এই অধ্যায়ে তুমি জানবে, তোমার মস্তিষ্ক কীভাবে সময় মাপে, কোন কোন জিনিস তোমার সময়-অনুভূতিকে বদলে দেয়, আর কেন কিছু মুহূর্ত দীর্ঘ মনে হয় আর কিছু মুহূর্ত খুব ছোট।

মস্তিষ্ক কীভাবে সময় মাপে?

মস্তিষ্ক কীভাবে সময় মাপে?

তোমার চোখ যেমন আলো দেখে, কান যেমন শব্দ শোনে, মস্তিষ্কের কিন্তু সময় দেখার বা শোনার জন্য আলাদা কোনো "সময়-অঙ্গ" নেই। বরং মস্তিষ্কের বিভিন্ন অংশ একসাথে কাজ করে সময় যাচ্ছে, এই অনুভূতিটা তৈরি করে। এর মধ্যে কয়েকটা গুরুত্বপূর্ণ অংশ হলো:

> **সেরিবেলাম:** খুব ছোট ছোট সময় মাপতে সাহায্য করে, যেমন একটা বল ধরতে কতটা সময় লাগে।

বেসাল গ্যাংলিয়া: একটু বেশি সময়ের ব্যবধান মাপতে সাহায্য করে, যেমন খেলায় ঝাঁপিয়ে পড়ার আগে কয়েক সেকেন্ড অপেক্ষা করা।

প্রিফ্রন্টাল কর্টেক্স: সময় ধরে পরিকল্পনা করতে সাহায্য করে, যেমন বাড়ির কাজ গুছিয়ে করা, বা স্কুলে হেঁটে যেতে কত সময় লাগে তা মনে রাখা।

মস্তিষ্ক এই অংশগুলো দিয়ে ছোট ছোট "সংকেত" লক্ষ্য করে, যেমন তোমার হৃদস্পন্দনের ধুকপুক, শ্বাস-প্রশ্বাসের ছন্দ, বা তুমি কতবার চোখ পলক ফেলছ। এই ক্ষুদ্র সংকেতগুলো একরকম গুনতে গুনতে তোমার মস্তিষ্ক একটা ধারণা বানায়, কতটা সময় কেটে গেছে।

কখনও কখনও সময় আলাদা লাগে কেন?

ঘড়ি যতই সমান গতিতে চলুক, তোমার মনের সময়-অনুভূতি (perception of time) কখনও দ্রুত, কখনও ধীর হয়ে যেতে পারে। এর পেছনে কয়েকটা কারণ আছে:

মনোযোগ: তুমি যখন যা করছ, তাতে মন দিয়ে ডুবে থাকো, তখন সময় অনেক সময় খুব দ্রুত কেটে যাচ্ছে বলে মনে হয়। উদাহরণ: তোমার প্রিয় ভিডিও গেম খেলতে খেলতে এক ঘণ্টা যেন কয়েক মিনিটেই উড়ে যায়।

আবার তুমি যখন বিরক্ত থাকো বা মনোযোগ থাকে না, তখন প্রতিটা ছোট সেকেন্ডও যেন টানতে টানতে যায়। উদাহরণ: অপেক্ষাঘরে বসে থাকলে পাঁচ মিনিটও এক ঘণ্টার মতো লাগতে পারে।

অনুভূতি: তীব্র অনুভূতি তোমার সময়-অনুভূতিকে টেনে লম্বা বা ছোট করে দিতে পারে।

তুমি যখন ভয় পাও, সময় যেন ধীরে চলে, কারণ তোমার মস্তিষ্ক খুব সতর্ক হয়ে আরও মন দিয়ে তথ্য সংগ্রহ করে।

তুমি যখন খুশি আর উত্তেজিত থাকো, সময় যেন দৌড়ে চলে, কারণ তোমার মস্তিষ্ক আনন্দের কাজে এত ব্যস্ত থাকে যে সময়ের দিকে নজরই দেওয়া হয় না।

বয়স:
ছোটদের কাছে সময় প্রায়ই ধীরে চলে বলে মনে হয়, কারণ তাদের কাছে অনেক অভিজ্ঞতাই নতুন। নতুন নতুন স্মৃতি গাদাগাদি করে জমে, তাই সময়টা "ভরা" আর লম্বা মনে হয়।

বয়স বাড়লে অনেক কিছুই রুটিন হয়ে যায়, আর মস্তিষ্ক প্রতিদিন তুলনামূলক কম নতুন স্মৃতি তৈরি করে। ফলে সময়টা যেন দ্রুত চলে যায় বলে মনে হয়।

রুটিন বনাম নতুন অভিজ্ঞতা: তুমি যদি প্রতিদিন একই রকম কাজ করো, সময় দ্রুত চলে যায় বলে মনে হয়। আর যখন নতুন কিছু ঘটে, সময়টা ধীরে লাগে।

এই কারণেই ছুটি, বেড়াতে যাওয়া, বা বিশেষ দিনগুলো সাধারণ স্কুলের দিনের চেয়ে অনেক লম্বা আর অনেক বেশি মনে থাকার মতো মনে হয়।

বিজ্ঞানীরা সময়-অনুভূতি কীভাবে গবেষণা করেন

বিজ্ঞানীরা মানুষ কীভাবে সময়কে "অনুভব" করে তা জানতে অনেক মজার-চমকপ্রদ পরীক্ষা করেন। একটা সাধারণ পদ্ধতি হলো, মানুষকে একটা বিপ শব্দ শোনানো বা একটা আলোর ঝলক দেখানো, তারপর জিজ্ঞেস করা: "তোমার মনে হয় এটা কতক্ষণ ছিল?"

আরেকটা পদ্ধতিতে মানুষকে ঘড়ি না দেখে বলতে বলা হয়, কোনো ঘটনা ঘটতে কত সময় লাগল। মানুষের অনুমানগুলো তুলনা করে বিজ্ঞানীরা বোঝেন, আমাদের মস্তিষ্ক ছোট আর বড় সময়ের ব্যবধান কীভাবে সামলায়।

বিজ্ঞানীরা এমনও দেখেছেন, বিভিন্ন প্রাণীর সময়-অনুভূতি একরকম নয়। যেমন:

> মাছি খুব দ্রুত তথ্য প্রক্রিয়া করে, তাই মানুষের তুলনায় তার কাছে পৃথিবীটা যেন স্লো মোশন–এ চলছে বলে লাগতে পারে।
>
> আবার বড়, ধীরগতির প্রাণীরা সময়কে তুলনামূলকভাবে আরও ধীরে, টেনে লম্বা করে অনুভব করতে পারে।

মস্তিষ্কের বিশেষ "ট্রিক"

কখনও কখনও আমাদের মস্তিষ্ক সময়-অনুভূতি নিয়ে ছোটখাটো জাদু দেখায়, মানে, আমাদের ঠকিয়ে দেয়!

> **অডবল এফেক্ট**: হঠাৎ কোনো চমকপ্রদ ঘটনা ঘটলে, যেমন আচমকা জোরে শব্দ, সেটা সাধারণ ঘটনার তুলনায় বেশি সময় ধরে চলছে বলে মনে হয়।
>
> **ক্রোনোস্ট্যাসিস**: তুমি যখন হঠাৎ দ্রুত ঘড়ির দিকে তাকাও, তখন মনে হতে পারে সেকেন্ডের কাঁটা এক মুহূর্ত জমে গেছে। কারণ চোখের দ্রুত নড়াচড়ার সময়টুকুতে তোমার মস্তিষ্ক নিজে থেকেই "ফাঁকা অংশ ভরে" দেয়, মানে, ওই ছোট্ট সময়টা কল্পনা করে মসৃণ করে ফেলে।

এই ট্রিকগুলো দেখায়, আমরা যেভাবে সময়কে অনুভব করি, সেটা সব সময় বাস্তবে যা ঘটছে ঠিক তেমন নাও হতে পারে!

উপসংহার

সময় শুধু ঘড়ির কাঁটায় মাপা একটা জিনিস নয়; এটা তৈরি হয় তোমার মস্তিষ্ক, তোমার মনোযোগ, তোমার অনুভূতি, আর তোমার স্মৃতি দিয়ে।

বাস্তব, ভৌত সময় (physical time) সমান ভাবে টিকটিক করতেই থাকে, কিন্তু তোমার সময়-অনুভূতি নমনীয়। তুমি কী করছ, আর কেমন অনুভব করছ, তার ওপর নির্ভর করে সময় লম্বা লাগতে পারে, ছোট লাগতে পারে, দ্রুত ছুটতে পারে, বা ধীরে হামাগুড়ি দিতে পারে।

সময়কে আমরা কীভাবে অনুভব করি তা বুঝলে মনে পড়ে, সময় শুধু যান্ত্রিক "টিকটিক" নয়; এটা এক গভীর, রহস্যময় অভিজ্ঞতা, যা আমাদের জীবনের প্রতিটা মুহূর্তকে বিশেষ করে তোলে। দেখ: তোমার সময়-অনুভূতি অন্বেষণ করো (পৃষ্ঠা 79)।

অধ্যায় ৫ , সময় ভ্রমণ

ইলাস্ট্রেশন 46: সময় ভ্রমণ

সময় ভ্রমণ বিজ্ঞান আর গল্প, দুটো জগতেই সবচেয়ে রোমাঞ্চকর ধারণাগুলোর একটি। অনেকেই স্বপ্ন দেখে, অতীতে গিয়ে ডাইনোসরদের দেখা, বা ভবিষ্যৎ ঘুরে দারুণ নতুন আবিষ্কারগুলো নিজের চোখে দেখা। কিন্তু সময় ভ্রমণ কি শুধু মজা-ধরানো কল্পনা, নাকি সত্যিই কোনো দিন তা সম্ভব হতে পারে?

এই অধ্যায়ে তুমি জানবে, বিজ্ঞানীরা সময় ভ্রমণ নিয়ে কী ভাবেন, সিনেমা কীভাবে এটা কল্পনা করেছে, সময় ভ্রমণ প্যারাডক্স নামে অদ্ভুত সমস্যাগুলো কী, আর কীভাবে আমরা এক অর্থে টেলিস্কোপ দিয়ে ইতিমধ্যেই অতীতের দিকে তাকাই।

সময় ভ্রমণ নিয়ে বৈজ্ঞানিক চিন্তা

সময় ভ্রমণ বিজ্ঞানের সবচেয়ে আকর্ষণীয় রহস্যগুলোর একটি। ধারণাটা হলো, শুধু স্থান দিয়ে নয়, সময় দিয়েও চলাফেরা করা: দূর ভবিষ্যতে লাফ দিয়ে পৌঁছে যাওয়া, কিংবা ভুলে যাওয়া অতীতে পিছলে যাওয়া। অ্যাডভেঞ্চার গল্পগুলোতে প্রায়ই দেখা যায় শক্তিশালী মেশিন বা অদ্ভুত পোর্টাল সময় ভ্রমণ সম্ভব করে তুলছে। কিন্তু বিজ্ঞান আসলে কী বলে?

বিজ্ঞানীরা দেখেছেন, সময় আর স্থান আলাদা আলাদা জিনিস নয়, দুটো মিলে তৈরি করে এক বিশাল কাপড়ের মতো জিনিস, যার নাম

স্পেসটাইম। আইনস্টাইনের আপেক্ষিকতা তত্ত্ব অনুযায়ী স্পেসটাইম কোনো শক্ত, অপরিবর্তনীয় বস্তু নয়। ভারী বস্তুর প্রভাবে, যেমন নক্ষত্র বা ব্ল্যাক হোল, এটা বাঁকতে, মোচড় দিতে, আর টানতে পারে। আবার কোনো বস্তু যদি খুব দ্রুত চলে, আলোর গতির কাছাকাছি, তাহলেও স্পেসটাইম বিকৃত হতে পারে।

স্পেসটাইমের এই বাঁকানো-টানাটানি সময় ভ্রমণের জন্য একটা ছোট্ট ঝলমলে দরজা খুলে দেয়, অন্তত ভবিষ্যতের দিকে। কেউ যদি আলোর গতির খুব কাছে পৌঁছে ভ্রমণ করতে পারে, তাহলে তার জন্য সময় পৃথিবীতে থাকা মানুষের তুলনায় ধীরে চলবে। এই অদ্ভুত প্রভাবকে বলা হয় সময় প্রসারণ (time dilation)। এর মানে, ভ্রমণকারী ফিরে এসে দেখতে পারে, অন্যদের জীবনে তার তুলনায় অনেক বেশি সময় পেরিয়ে গেছে।

চুপিচুপি একটা মজার সত্য হলো: আন্তর্জাতিক মহাকাশ স্টেশন এ থাকা নভোচারীরা প্রতিদিনই সামান্য করে “ভবিষ্যতে ভ্রমণ” করেন, তাঁরা পৃথিবীতে থাকা মানুষের তুলনায় খুবই অল্প হলেও একটু ধীরে বয়সী হন।

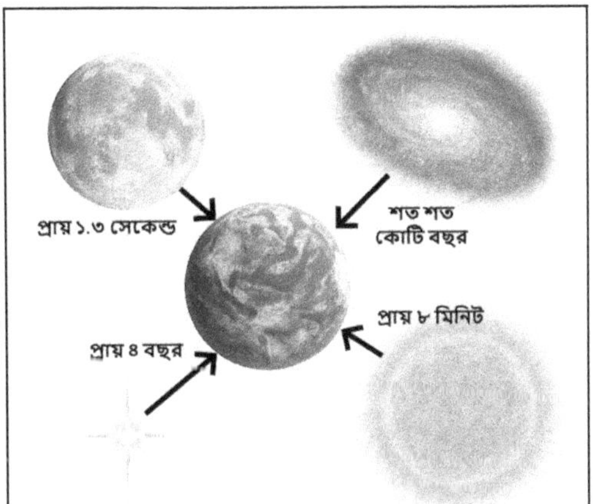

ইলাস্ট্রেশন 47: আলোর গতি

বিজ্ঞান এখন পর্যন্ত অতীত “দেখার” একটা সীমিত উপায় সত্যিই করতে পেরেছে। পৃথিবীর চারদিকে কক্ষপথে ঘুরে বেড়ানো আধুনিক টেলিস্কোপগুলো, হাবল টেলিস্কোপসহ, দূর অতীতের দিকে উঁকি দেয়। কারণ আলো এক গ্যালাক্সি থেকে আরেক গ্যালাক্সিতে ছুটে যায় প্রায় ৩,০০,০০০ মিটার প্রতি সেকেন্ড গতিতে (প্রায় ১,৮৬,০০০ মাইল প্রতি সেকেন্ড)। তবু খুব দূরের গ্যালাক্সি থেকে সেই আলো আমাদের কাছে পৌঁছাতে লাগে বিলিয়ন বছর। তাই যখন আমরা দৃশ্যমান মহাবিশ্বের একেবারে প্রান্তের গ্যালাক্সিগুলোর দিকে তাকাই, তখন আসলে আমরা গ্যালাক্সিগুলোকে দেখছি, যেমন তারা বিলিয়ন বছর আগে ছিল।

চাঁদের আলো পৃথিবীতে পৌঁছাতে সময় লাগে প্রায় ১.৩ সেকেন্ড।

সূর্যের আলো পৃথিবীতে পৌঁছাতে লাগে প্রায় ৮ মিনিট।

(সূর্য ছাড়া) সবচেয়ে কাছের তারার আলো পৌঁছাতে লাগে প্রায় ৪ বছর।

আর খুব দূরের গ্যালাক্সির আলো আমাদের কাছে আসতে পারে বিলিয়ন বছর সময় নিয়ে!

আজকের দিনে ভবিষ্যতের দিকে সময় ভ্রমণও ঘটছে, তবে খুব ক্ষুদ্র, প্রায় চোখে না দেখা মাত্রায়। মিউন নামের কণিকাগুলো আলোর গতির কাছাকাছি গতিতে ছুটে বেড়ায়। কসমিক রে যখন বায়ুমণ্ডলের উপরের স্তরে আঘাত করে, তখন মিউন তৈরি হয়, আর তারা সাধারণত টিকে থাকে মাত্র ২.২ মাইক্রোসেকেন্ড (০.০০০০০২২ সেকেন্ড)! কিন্তু তারা এত দ্রুত গতিতে চলে যে তাদের জন্য সময় একটু "ধীরে" চলে, আর সেই কারণেই অনেক মিউন পৃথিবী পর্যন্ত পৌঁছে যায়।

তবে অতীতে ভ্রমণ এখনো রয়ে গেছে এক ছায়াময়, অনিশ্চিত স্বপ্ন। কিছু বিজ্ঞানী ভাবেন, মহাবিশ্বে যদি সত্যিই অদ্ভুত কোনো কাঠামো থাকে, যেমন ওয়ার্মহোল, মানে স্পেসটাইমের কাপড়ের ভেতর দিয়ে তৈরি এক ধরনের সুরঙ্গ, তাহলে সেটা হয়তো শুধু দূরের জায়গাকেই নয়, দূরের সময়কেও একসাথে জুড়ে দিতে পারে।

ইলাস্ট্রেশন 48: ওয়ার্মহোলের শিল্পীর কল্পনা

কিন্তু ওয়ার্মহোল যদি আদৌ থাকে, তাহলে সেগুলো হতে পারে ভীষণ নাজুক আর বিপজ্জনক। কিছু ভেতর দিয়ে যাওয়ার আগেই ওগুলো ধসে পড়তে পারে। আবার হয়তো লাগতে পারে 'ঋণাত্মক শক্তি'। কিন্তু আমরা এখনো কখনো ঋণাত্মক শক্তি তৈরি করতে পারিনি। আর ধরো কেউ কোনোভাবে উপায় বের করেও ফেলল, তখন সামনে আসতে পারে মাথা ঘুরিয়ে দেওয়া বিপদ, যেমন সময় প্যারাডক্স: অতীতে খুব ছোট্ট একটা পরিবর্তন ভবিষ্যতে ঢেউয়ের মতো ছড়িয়ে পড়ে, আর ভবিষ্যৎকে এলোমেলো করে খুলে দিতে পারে, যেন একটা সোয়েটারের সুতো টানলে পুরোটা খুলে যেতে থাকে!

অতীতে ভ্রমণ তাই এখনো অজানার কুয়াশার ভেতরেই লুকিয়ে আছে। বিজ্ঞানীরা তারাদের দিকে তাকিয়ে থাকেন, ব্ল্যাক হোল নিয়ে গবেষণা করেন, আর সময় আসলে কী, সেই রহস্য নিয়ে সাহসী প্রশ্ন করে চলেন। সময় ভ্রমণের গভীর গোপন দরজা কোনো দিন খুলবে কি না, এখনো কেউ নিশ্চিত নয়। তবে একটা কথা নিশ্চিত: মহাবিশ্ব আমাদের কল্পনার চেয়েও বেশি অদ্ভুত, আর আরও বেশি বিস্ময়কর।

কসমিক স্ট্রিংস: আদিম মহাবিশ্বের সুতো-রহস্য

বিজ্ঞানের চিন্তার একেবারে দূর প্রান্তে গিয়ে কখনো কখনো শোনা যায় এক ধরনের অদ্ভুত জিনিসের ফিসফাস, কসমিক স্ট্রিং। এগুলো

তোমার দাদীর সুতোর গোলা থেকে বেরোনো সুতো নয়, বরং এমন কিছু প্রাচীন, অদৃশ্য "সুতো", যা হয়তো মহাবিশ্ব জুড়েই টেনে লম্বা হয়ে আছে!

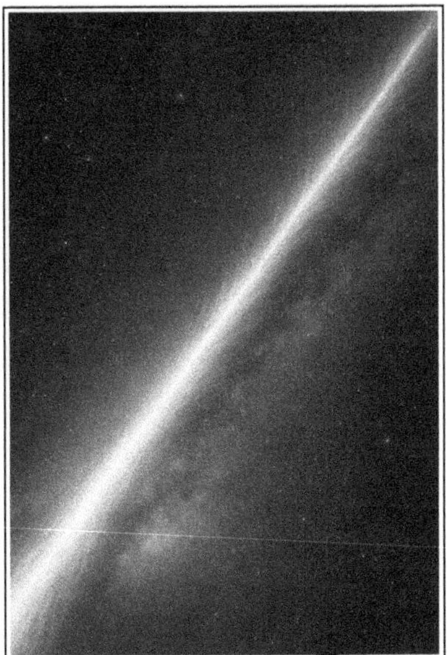

ইলাস্ট্রেশন 49: কসমিক স্ট্রিং-এর শিল্পীর কল্পনা

বিজ্ঞানীদের ধারণা, কসমিক স্ট্রিং যদি সত্যিই থাকে, তাহলে তারা তৈরি হয়েছিল বিগ ব্যাং-এর ঠিক পরের ক্ষণগুলোতে, যখন মহাবিশ্ব ছিল অকল্পনীয় গরম আর ভীষণ ঘন। মহাবিশ্ব যত প্রসারিত হয়ে ঠান্ডা হয়েছে, ততই স্পেসটাইমের "কাপড়ে" হয়তো রয়ে গেছে সরু, শক্তিশালী কিছু ফাটল বা চিড়, ঠিক যেন গরম জিনিস ঠান্ডা হলে উপরিভাগে সূক্ষ্ম ভাঁজ পড়ে। সেই চিড়গুলোই হয়তো লম্বা, সরু বস্তু হয়ে গেছে, কসমিক স্ট্রিং।

একটা কসমিক স্ট্রিং হতে পারে অবিশ্বাস্য রকম পাতলা, পরমাণুর থেকেও পাতলা, কিন্তু তার ভেতরে গাদাগাদি করে ঠাসা থাকবে ভয়ংকর পরিমাণ শক্তি। এমনকি বলা হয়, কসমিক স্ট্রিংয়ের মাত্র এক মাইল লম্বা অংশের ওজন কোনো পাহাড়ের থেকেও বেশি হতে পারে! আর যেহেতু এতে এত বেশি ভর ও শক্তি থাকবে, তাই কসমিক স্ট্রিং তার আশেপাশের স্পেসটাইমকে বাঁকিয়ে দিতে পারে, যেমন একটা ভারী ডাম্বেল বিছানার ওপর রাখলে বিছানাটা দেবে যায়।

এই স্পেসটাইম বাঁকানো বিষয়টা গুরুত্বপূর্ণ, কারণ এখান থেকেই উঠে আসে একটা দারুণ কৌতূহলী প্রশ্ন: কসমিক স্ট্রিং কি সময় ভ্রমণ সম্ভব করতে পারে? কিছু বিজ্ঞানী প্রস্তাব দিয়েছেন, যদি দুটি কসমিক স্ট্রিং একে অপরের খুব কাছে দিয়ে পাশ কাটায়, অথবা যদি কোনো কসমিক স্ট্রিং আলোর গতির কাছাকাছি গতিতে চলে, তাহলে স্পেসটাইমের বাঁকানো এতটাই তীব্র হতে পারে যে সময়ের মধ্যে লুপ তৈরি হয়ে যেতে পারে। তখন কোনো ভ্রমণকারী হয়তো সেই লুপ ধরে চলতে চলতে অতীতে ফিরে যেতে পারে, অথবা অনেক দূরের ভবিষ্যতে লাফ দিতে পারে!

কিন্তু কসমিক স্ট্রিং এখনো পুরোপুরি রহস্য। এখন পর্যন্ত কেউ এদের অস্তিত্বের সরাসরি প্রমাণ খুঁজে পায়নি। তারা যেন পদার্থবিদ্যার সমীকরণের ভেতর লেখা পুরোনো কোনো কিংবদন্তি, সম্ভব, কিন্তু প্রমাণিত নয়। তাই টেলিস্কোপ আর বৈজ্ঞানিক যন্ত্রপাতি আকাশের দিকে নজর রাখছে, এই লুকোনো সুতোগুলোর কোনো ইঙ্গিত ধরা পড়ে কি না। যদি তারা সত্যিই বাস্তব হয়, তাহলে তারা শুধু আদিম মহাবিশ্বের গোপন

কথা খুলবে না, এটাও দেখাতে পারে, সময় নিজেই কি মোচড় খেতে পারে, ঘুরে যেতে পারে!

কসমিক স্ট্রিং আমাদের মনে করিয়ে দেয়, মহাবিশ্বের গোপন ভাণ্ডার হয়তো এখনো পুরো খোলা হয়নি। কিছু রহস্য হয়তো লুকিয়ে আছে, একটা অদৃশ্য সুতোর মতো, আর যারা সাহস করে খুব মন দিয়ে তাকায়, তাদেরই জন্য অপেক্ষা করছে আবিষ্কারের চমক।

সময় ভ্রমণ দেখায় এমন সিনেমা

অনেক জনপ্রিয় সিনেমা খুব সৃজনশীল আর রোমাঞ্চকরভাবে সময় ভ্রমণকে দেখিয়েছে। তার মধ্যে আমার তিনটি সবচেয়ে পছন্দের সিনেমার একটি হলো,

ব্যাক টু দ্য ফিউচার (Back to the Future) (১৯৮৫):

ব্যাক টু দ্য ফিউচার হলো এক ক্লাসিক সায়েন্স ফিকশন অ্যাডভেঞ্চার, যা সময় ভ্রমণের দারুণ সম্ভাবনা, আর বিপদ, দুটোই তুলে ধরে। গল্পটা ঘোরে মার্টি ম্যাকফ্লাই নামের এক কিশোরকে ঘিরে, যে ভুল করে ১৯৮৫ সাল থেকে ১৯৫৫ সালে চলে যায়। কীভাবে? তার অদ্ভুতুড়ে বন্ধু ডক্টর এমেট "ডক" ব্রাউন বানিয়েছিল একটা টাইম মেশিন, আর সেটা বুদ্ধি করে লুকোনো ছিল একটা স্পোর্টস কার-এর ছদ্মবেশে! ওই টাইম মেশিন শক্তিশালী এক ঝলক শক্তি ব্যবহার করে সময়ের বাধা ভেঙে ফেলে।

কিন্তু সমস্যা হলো, মার্টি অতীতে আটকে যায়, আর বাড়ি ফেরার পথ পরিষ্কার নয়। এর মধ্যেই ঘটে যায় আরও বড় বিপদ: সে ভুলবশত এমন কিছু ঘটিয়ে ফেলে, যাতে তার বাবা-মায়ের প্রেমে পড়ার ঘটনাগুলো এলোমেলো হয়ে যায়। যদি সে অতীতকে ঠিক করতে না পারে, তাহলে তার সামনে আছে ভয়ংকর ঝুঁকি, সে নিজেই হয়তো অস্তিত্বহীন হয়ে যাবে!

তাই ছোটবেলার (অর্থাৎ ১৯৫৫ সালের) ডক ব্রাউনের সাহায্যে মার্টিকে সামলাতে হয় এক অপরিচিত পৃথিবী, সবকিছু ঠিকঠাক পথে ফেরাতে হয়, আর শেষে বের করতে হয়, কীভাবে টাইম মেশিনটাকে আবার শক্তি দিয়ে চালু করে নিজের সময়ে ফিরে যাওয়া যায়।

সিনেমা জুড়ে ব্যাক টু দ্য ফিউচার দেখায় কারণ-ফলের সূক্ষ্ম ভারসাম্য, ইতিহাস বদলানোর প্যারাডক্স, আর সময় ভ্রমণের সেই শিরশির করা বিস্ময়। এটি মনে করিয়ে দেয়, অতীতে করা ছোট্ট একটা কাজও ভবিষ্যতে অনেক দূর পর্যন্ত প্রতিধ্বনি তুলতে পারে, আর সময় নিজেই এমন এক শক্তি, যা একই সাথে উত্তেজনাপূর্ণ... এবং রহস্যে ভরা।

ইন্টারস্টেলার (Interstellar) (২০১৪):

ইন্টারস্টেলার হলো একটি সায়েন্স ফিকশন সিনেমা, যা তারাদের মাঝে মানবজাতির টিকে থাকার লড়াই, আর মহাবিশ্বে সময় কীভাবে অদ্ভুতভাবে আচরণ করতে পারে, সেটা দারুণভাবে দেখায়। গল্পটা এমন এক ভবিষ্যতে, যেখানে পৃথিবী ধীরে ধীরে মানুষের থাকার অযোগ্য হয়ে পড়ছে। প্রাক্তন পাইলট কুপার তখন এক সাহসী অভিযানে যোগ দেয়, মানুষের জন্য নতুন একটা বাসস্থান খুঁজতে। সে কয়েকজন বিজ্ঞানীর সাথে শনি গ্রহের কাছে থাকা এক রহস্যময় ওয়ার্মহোল দিয়ে যায়, যেটা দূর গ্যালাক্সিতে পৌঁছানোর এক ধরনের "শর্টকাট" পথ।

অচেনা গ্রহগুলোতে ঘুরতে ঘুরতে সেই দলটা মহাবিশ্বের এক গভীর রহস্যের মুখোমুখি হয়: সময় সব জায়গায় একভাবে যায় না। এক বিশাল ব্ল্যাক হোলের কাছে, যার নাম গারগ্যানচুয়া (Gargantua), মাধ্যাকর্ষণের টান এত শক্তিশালী যে সময় ভয়ংকরভাবে ধীরে চলতে থাকে। সেখানে গ্রহের পৃষ্ঠে কাটানো প্রতি ১ ঘণ্টার জন্য, অন্য দূরের জায়গায় কেটে যায় ৭ বছর!

এই ঘটনাকে বলা হয় মাধ্যাকর্ষণজনিত সময় প্রসারণ। এর ফলে কুপারের সাথে তার পরিবারের দূরত্ব তৈরি হয় হৃদয়ভাঙা ভাবে। তার কাছে যে অভিযানটা মনে হয় "খুব অল্প সময়ের," পৃথিবীতে ফিরে দেখা যায় সেটা লম্বা হয়ে গেছে দশকের পর দশক। গল্পের পরে কুপার আরও ব্ল্যাক হোলের কাছাকাছি যায়, যেখানে সময় আর স্থান যেন অদ্ভুতভাবে পাক খেয়ে যায়। তখন সে এমন কিছু করতে পারে, যা দেখে মনে হয় প্রায় জাদুর মতো, সে অতীতকে প্রভাবিত করতে পারে!

তার নাটকীয় গল্পের মাধ্যমে ইন্টারস্টেলার দেখায়, সময় ভ্রমণ কখনো কখনো প্রকৃতির নিয়ম থেকেই ঘটে যেতে পারে। কোনো টাইম মেশিন বা জাদু নয়, বরং স্পেসটাইমের (spacetime) চরম বাঁক আর বিকৃতির কারণেই। সিনেমাটি দর্শকদের এমন এক মহাবিশ্ব কল্পনা করতে বলে, যেখানে অতীত, বর্তমান, আর ভবিষ্যৎ একসাথে বোনা, আর আমরা মাত্র এখনই সেই বুননের রহস্য একটু একটু করে বুঝতে শুরু করেছি।

দ্য অ্যাডাম প্রজেক্ট (The Adam Project) (2022):

দ্য অ্যাডাম প্রজেক্ট হলো এক রোমাঞ্চকর সায়েন্স ফিকশন অ্যাডভেঞ্চার, যেখানে সময় ভ্রমণকে দেখানো হয়েছে, অতীতকে কিছুটা "সারিয়ে তোলা" আর ভবিষ্যৎকে নতুনভাবে গড়ার এক শক্তি হিসেবে। গল্প শুরু হয় যখন অ্যাডাম রিড, ২০৫০ সাল থেকে আসা এক সময়-ভ্রমণকারী যুদ্ধবিমান চালক, ভবিষ্যৎকে এক বড় বিপর্যয় থেকে বাঁচাতে গিয়ে ভুল করে ২০২২ সালে এসে ক্র্যাশ-ল্যান্ড করে বসে। সে আহত, পালিয়ে বেড়াচ্ছে, আর ঠিক তখনই ঘটে যায় একটা একদম অদ্ভুত ঘটনা: সে দল বাঁধে… তার নিজেরই বারো বছর বয়সী নিজেকেই নিয়ে!

ছোট অ্যাডাম একজন একটু অস্বস্তিতে থাকা, বুদ্ধিমান, আর মন খারাপ করে থাকা ছেলে, কারণ সে এখনো বাবাকে হারানোর কষ্টে ভুগছে। একদিকে বড় অ্যাডাম ভবিষ্যতের যুদ্ধ-অভিজ্ঞ, অন্যদিকে ছোট অ্যাডাম আবেগে-ভরা, প্রশ্নে-ভরা, দুজন মিলে যেন একই মানুষের দুই সংস্করণ, কিন্তু দুই রকম সময়ের রঙে রাঙানো।

দুজন অ্যাডামকে একসাথে মোকাবিলা করতে হয় ভবিষ্যৎ থেকে আসা শত্রুদের, আর আরও পিছিয়ে যেতে হয় সময়ের ভেতর, তাদের বাবাকে খুঁজে বের করতে। বাবা ছিলেন এক দুর্ধর্ষ বিজ্ঞানী, যিনি না জেনেই এমন কিছু আবিষ্কার করেছিলেন, সময় ভ্রমণ! তাদের মিশন শুধু সময় ভ্রমণকে ভুল কাজে ব্যবহার হওয়া থেকে আটকানো নয়, বরং তাদের জীবনে যে ভাঙা সম্পর্কগুলো ক্ষত তৈরি করেছে, সেগুলোকে মেরামত করাও।

সিনেমা জুড়ে দ্য অ্যাডাম প্রজেক্ট দেখায়, সময় ভ্রমণ মানে শুধু অন্য বছরে বেড়াতে যাওয়া নয়; এটা আমাদের পছন্দগুলোর ফল, আর ভুলের পরেও ভালো হওয়ার, বদলে যাওয়ার, নিজেকে ক্ষমা করার (redemption) সুযোগের গল্প। সময়ের লুপ, প্যারাডক্স, আর নিজের ছোট-বড় সংস্করণের সাথে দেখা হওয়ার আবেগ, সব মিলে এমন এক কাহিনি তৈরি করে, যা মনে করিয়ে দেয়: অতীত, বর্তমান, আর ভবিষ্যৎ, তিনটাই এক গভীর সুতোয় বাঁধা।

সময় ভ্রমণের প্যারাডক্স

সময় ভ্রমণ নিয়ে সবচেয়ে বড় সমস্যাগুলোর একটি হলো প্যারাডক্স। প্যারাডক্স তখন হয়, যখন একই সাথে দুটি কথা এমনভাবে দাঁড়ায়, যেগুলো একসাথে সত্য হতে পারে না।

ইলাস্ট্রেশন 50: দাদু প্যারাডক্স

সময় ভ্রমণের এক বিখ্যাত প্যারাডক্স হলো দাদু-প্যারাডক্স:

> ভাবো, তুমি সময়ে পিছিয়ে গেলে এবং তোমার দাদুকে তোমার দিদার সাথে দেখা করতেই দিলে না।
>
> যদি তাদের দেখা-ই না হয়, তাহলে তোমার বাবা/মা জন্মাতেই না, আর তুমিও জন্মাতে না!
>
> কিন্তু তুমি যদি জন্মাই না, তাহলে প্রথমেই তুমি সময়ে পিছিয়ে গেলে কীভাবে?

এই গুবলেট পরিস্থিতিটাই দেখায়, অতীতে ভ্রমণ করলে এমন সমস্যা তৈরি হতে পারে, যেগুলো যুক্তি দিয়ে ঠিকমতো মেলানো যায় না।

বিজ্ঞানীরা প্যারাডক্স এড়ানোর কিছু ধারণা প্রস্তাব করেছেন। যেমন সমান্তরাল মহাবিশ্ব–এর ভাবনা: তুমি অতীত বদলালে, তুমি যে টাইমলাইন থেকে এসেছ সেটা নষ্ট হয় না, বরং নতুন একটা টাইমলাইন তৈরি হয়। তবে এগুলো এখনো শুধু তত্ত্ব, প্রমাণিত সত্য নয়।

টেলিস্কোপ দিয়ে সময় ভ্রমণ

আমরা টাইম মেশিনে লাফ দিয়ে উঠতে পারি না ঠিকই, কিন্তু বিজ্ঞানীদের কাছে অতীত দেখার একটা বাস্তব উপায় আছে: টেলিস্কোপ!

> আলো খুব দ্রুত চলে, প্রায় ১,৮৬,০০০ মাইল প্রতি সেকেন্ড, তবু মহাকাশ এত বিশাল যে আলোকে আমাদের কাছে পৌঁছাতে সময় লাগে। যেমন:
>
> চাঁদের আলো পৃথিবীতে পৌঁছাতে লাগে প্রায় ১.৩ সেকেন্ড।
>
> সূর্যের আলো পৌঁছাতে লাগে প্রায় ৮ মিনিট।
>
> (সূর্য ছাড়া) সবচেয়ে কাছের তারার আলো পৌঁছাতে লাগে প্রায় ৪ বছর।
>
> আর দূর গ্যালাক্সির আলো পৌঁছাতে পারে বিলিয়ন বছর সময় নিয়ে!

তাই তুমি যখন টেলিস্কোপ দিয়ে খুব দূরের কোনো গ্যালাক্সি দেখো, তুমি গ্যালাক্সিটাকে "এখনকার" অবস্থায় দেখছ না। তুমি দেখছ, যখন তার আলো প্রথম রওনা দিয়েছিল, বিলিয়ন বছর আগে, তখন সেটা যেমন ছিল।

এইভাবে জ্যোতির্বিজ্ঞানীরা সত্যিই সময়ের পিছনে তাকান।

উপসংহার

সময় ভ্রমণ বিজ্ঞান আর কল্পনার সবচেয়ে শিরশিরে রোমাঞ্চকর ধারণাগুলোর একটি। বিজ্ঞানীরা দেখিয়েছেন, সময় প্রসারিত হতে পারে, ধীরে চলতে পারে। তারা ভাবছেন ওয়ার্মহোল, কসমিক স্ট্রিং-এর মতো ধারণাও।

সিনেমা সময় ভ্রমণকে প্রাণবন্ত করে তোলে, তার বিস্ময়ও দেখায়, তার বিপদও দেখায়, বিশেষ করে অতীত বদলালে যে অদ্ভুত প্যারাডক্স তৈরি হতে পারে, সেগুলো।

আর আজও, যখন আমরা তারাদের দিকে তাকাই, আমরা মহাবিশ্বের ইতিহাসের অনেক গভীরে তাকাই, এটা প্রমাণ যে এক অর্থে, সময় ভ্রমণ ইতিমধ্যেই বাস্তব।

সময় ভ্রমণের রহস্য বিজ্ঞানী আর স্বপ্নদেখা মানুষ, দু'পক্ষকেই অনুপ্রাণিত করে চলেছে। কে জানে, ভবিষ্যতের আবিষ্কারগুলো আমাদের সামনে কী নতুন দরজা খুলে দেবে?

অধ্যায় ৬ , সময় নিয়ে অদ্ভুত ভাবনা

ভবিষ্যৎ কি আগেই আছে?

তুমি যখন ভবিষ্যৎ ভাবো, তখন সম্ভবত তোমার মনে আসে এমন কিছু, যা এখনো ঘটেনি, যেমন আগামী সপ্তাহান্ত, তোমার পরের জন্মদিন, বা বড় হয়ে তুমি কী হবে। কিন্তু কিছু বিজ্ঞানী মনে করেন, ভবিষ্যৎ হয়তো ইতিমধ্যেই আছে, অতীতের মতোই, শুধু "আমাদের সামনে" অপেক্ষা করছে।

এই ধারণাটা আসে এক অদ্ভুত চিন্তা থেকে, যার নাম 'ব্লক ইউনিভার্স' (block universe)। এই দৃষ্টিতে সময় যেন এক বিশাল জমে-থাকা প্রাকৃতিক দৃশ্য, একটা হিমশীতল ল্যান্ডস্কেপ। অতীত, বর্তমান, আর ভবিষ্যৎ, সব একসাথে আছে, ঠিক বইয়ের পাতাগুলোর মতো। তুমি বইটা এক পাতা করে পড়ো, কিন্তু সব পাতাই আগে থেকেই আছে, শেষ পাতাটাও!

এই জমে থাকা সময়-জগতে, আমরা যাকে "এখন" বলি, সেটা শুধু সেই অংশ, যার ভেতর দিয়ে আমাদের মনটা হাঁটছে। তুমি এখন এই পাতায় আছ, এই কথাগুলো পড়ছ, কিন্তু তোমার পরের ভাবনা, পরের হাসি, পরের স্বপ্ন, সেই "পাতা" হয়তো আগেই লেখা হয়ে আছে।

ভাবনাটা রহস্যময়। যদি ভবিষ্যৎ আগেই থাকে, তাহলে কি সবকিছু আগেই ঠিক হয়ে আছে? নাকি আমরা চলতে চলতে সত্যিই সিদ্ধান্ত নিই? এই প্রশ্নের পুরো উত্তর এখনো কেউ দিতে পারে না। তবে এটা আমাদের মনে করিয়ে দেয়, সময় শুধু টিকটিক করা ঘড়ি নয়, তার চেয়ে অনেক গভীর রহস্য; আর ভবিষ্যৎ হয়তো আমাদের ধারণার চেয়েও কাছাকাছি।

স্পেসটাইমে বেঁচে থাকা

আমরা স্পেসটাইমের প্রাণী, তার প্রবাহমান কাপড়ের সাথে বাঁধা, যেন অদৃশ্য স্রোতে ধরা নৃত্যশিল্পী। আমরা যে প্রতিটি পদক্ষেপ নিই, সেটা শুধু স্থানের ভেতর দিয়ে হাঁটা নয়, একই সাথে সময়ের ভেতর দিয়ে এক টিক এগোনোও। আমরা রান্নাঘরের টেবিলে নাশতা করি (একটা স্থান), সকাল ৭:৩০টায় (একটা মুহূর্ত)। এভাবেই পৃথিবীটা অর্থপূর্ণ লাগে। গাছ বড় হয়, তারা জ্বলে, মানুষ বয়স বাড়ায়, শুধু "কোথাও" নয়, "কখনো"ও। স্থান

আর সময় গাঁথা, একটা ট্যাপেস্ট্রির সুতোর মতো, একটা ছাড়া আরেকটা অর্থহীন।

কিন্তু যদি আমরা সেই সুতোগুলো আলাদা করে টানতে পারতাম?

যেখানে ঘটবে, এমন কোনো স্থান না থাকলে সময় কী? যার ভেতর দিয়ে চলবে, এমন সময় না থাকলে স্থান কী? আর সবচেয়ে রহস্যময় প্রশ্ন: যদি দুটোই না থাকে, তাহলে কী থাকে?

সামনে আছে অদ্‌ভুত প্রশ্ন... এবং আরও অদ্‌ভুত সম্ভাবনা। স্পেসটাইম তো শুধু শুরু।

যদি সময় ছাড়া শুধু স্থান থাকত?

ভাবো এমন একটা জায়গা, যেখানে কিছুই কখনো বদলায় না। তুমি মহাশূন্যে ভাসছ, শেষ নেই, শব্দ নেই, নড়াচড়া নেই। চারপাশে তারা, গ্রহ, ধূমকেতু, সবই আছে, কিন্তু সব মূর্তির মতো স্থির। পাখির ডানা ঝাপটানো? অসম্ভব। ফুল ফোটা? কখনোই না। এই জগতে আছে স্থান, কিন্তু নেই সময়।

সময় না থাকলে, কিছুই চলে না। তুমি হাঁটতে পারবে না, চোখ পিটপিট করতে পারবে না, এমনকি ভাবতেও পারবে না, কারণ ভাবনাও সময়ের ওপর দিয়ে এগোয়। তোমার চিন্তাগুলোও জমে যাবে, একেবারে শুরুতেই আটকে। তুমি যদি মাটি থেকে একটা ছোট পাথর তুলতে চাও, তুমি পারবে না, কারণ তোমার হাত "পৌঁছানো" শেষই করতে পারবে না। আসলে তুমি "পৌঁছানো" শুরুই করতে পারবে না।

অদ্‌ভুত, তাই না? আকার আছে, রং আছে, দূরত্ব আছে, কিন্তু গতি নেই, গল্প নেই, "আগে-পরে" নেই। সময় ছাড়া স্থান হলো এমন এক বই, যার সব পাতাই একসাথে আঠা দিয়ে আটকে রাখা: গল্পটা আছে, কিন্তু কখনো পড়া যাবে না।

তবু কিছু বিজ্ঞানী ভাবেন, সবকিছুর একেবারে শুরুতে হয়তো মহাবিশ্ব এমনই ছিল: স্থান প্রস্তুত ছিল, কিন্তু সময় শুরু হওয়ার অপেক্ষায়।

অথবা আরেকটা ভাবনা, হয়তো সব গতি, সব ঘটনা এক মহা "এখন"-এর ভেতরেই একসাথে আছে। মহাশূন্যের কোনো এক বিন্দুতে, সেই জায়গার পুরো ইতিহাস আর পুরো ভবিষ্যৎ সব সময়ই ঘটছে! তাহলে কি আমরা আলাদা আলাদা ঘটনা দেখতে পারতাম, যদিও ঘটনাগুলো সেই জায়গায় সব মিশে গেছে?

আরও একটা ভাবনা: যদি আমরা সময় ছাড়া স্থানে থাকতাম, আর স্পেসটাইমকে "দেখতে" পারতাম, তাহলে কি আমরা স্পেসটাইমে ঘটতে থাকা সব ঘটনাপ্রবাহকে একসাথে দেখতে পেতাম? স্পেসটাইমে

থাকা কারও কাছে যে জিনিসগুলো “অতীত”, “এখন”, “ভবিষ্যৎ”, সেগুলো আমাদের কাছে কী হতো?

যদি স্থান ছাড়া শুধু সময় থাকত?

এবার উল্টোটা ভাবো, সময় আছে, কিন্তু স্থান নেই। বাম-ডান নেই, উপর-নিচ নেই, কোথাও যাওয়ার বা বেড়ে ওঠার কোনো “জায়গা” নেই। তুমি চেয়ারে বসে নেই, ঘরে দাঁড়িয়ে নেই, তারার মাঝে ভাসছও না, কারণ থাকার মতো কোনো “কোথায়” নেই।

কিন্তু সময় তবু টিকটিক করে। টিক। টিক। টিক।

ভাবনা হয়তো তবু ঘটতে পারে। তুমি কিছু মনে করতে পারো, তারপর ভুলে যেতে পারো। আনন্দ লাগতে পারে, তারপর বিরক্তি। মাথার ভেতর একটা সুর খুলে যেতে পারে, একটা নোট, তারপর আরেকটা নোট। কিন্তু পিয়ানো নেই, বাতাস নেই, শব্দ নেই। তুমি কিছু দেখবে না, কারণ দেখা মানে স্থান দরকার। কিন্তু হয়তো... তুমি অনুভব করবে। নীরব অনুভব। স্বপ্নের মতো অনুভব।

স্থান ছাড়া সময় হলো যন্ত্র ছাড়া গান, মঞ্চ ছাড়া ফিসফিস করে বলা গল্প। সব বদলায়, কিন্তু কিছুই “চলে” না।

এটা কি সত্যিই সম্ভব? কিছু বিজ্ঞানী মনে করেন, ব্ল্যাক হোলের খুব ভেতরে স্থান ভেঙে চুরমার হয়ে যায়, গুটিয়ে হারিয়ে যায়। কিন্তু সময়, কোনো রহস্যময় উপায়ে, হয়তো চলতেই থাকে।

যদি স্থানও না থাকত, সময়ও না থাকত?

এখন শেষ এক লাফ দাও: ভাবো, স্থান নেই, সময় নেই। “এখানে” নেই। “এখন” নেই। “আগে” নেই। “পরে” নেই। কিছু বড় বা ছোট নয়, কাছে বা দূরে নয়। কিছু তাড়াতাড়ি বা দেরি নয়। দাঁড়ানোর মতো কোনো জায়গা নেই, দাঁড়ানোর মতো কোনো মুহূর্তও নেই।

কল্পনা করা কঠিন, হয়তো অসম্ভবই। কারণ আমাদের জানা সবকিছুরই স্থান বা সময় দরকার। শরীরের চলতে স্থান লাগে। চিন্তার গঠনে সময় লাগে। স্থান-সময় ছাড়া ঘড়ি নেই, পায়ের শব্দ নেই, তারা নেই, গল্প নেই।

এটা অন্ধকার নয়। এটা নীরবও নয়। এটা “কিছুই” নয়। কারণ “অন্ধকার” আর “নীরবতা”, দুটোই স্থান চায়। এমনকি “শূন্য” শব্দটাও যেন কিছু একটা, কিন্তু এটা তার চেয়েও কম।

কিছু বিজ্ঞানী মনে করেন, মহাবিশ্বের শুরু এমনই ছিল। অন্ধকারে কোনো জ্বলে ওঠা স্ফুলিঙ্গ নয়, বরং এমন এক গভীর নীরবতা, যার শুরু হওয়ার মতো সময়ও ছিল না, আর প্রতিধ্বনি হওয়ার মতো স্থানও ছিল

না। তারপর কীভাবে যেন, এই শূন্যতার ভিতর থেকেই জন্ম নিল স্থান আর সময়।

আর তাদের সাথে... তুমি।

*পৃষ্ঠা 62-**এর স্থান নেই, সময় নেই**, কার্যক্রম করে দেখো।*

শেখার কার্যক্রম

চিন্তা-পরীক্ষা

যমজ সময় কার্যক্রম

প্রস্তুতি

ইলাস্ট্রেশন 51: যমজ প্যারাডক্স

ধরো, যমজ দুই ভাইবোনের নাম জারা আর অ্যালেক্স। দু'জনের বয়স একদম সমান, আর তারা পৃথিবীতেই থাকে। একদিন অ্যালেক্স উঠে বসল এক খুবই দ্রুতগতির মহাকাশযানে, আর প্রায় আলোর গতির কাছাকাছি বেগে মহাশূন্যে ছুটে গেল। আর জারা? সে রইল পৃথিবীতেই, কুকুর হাঁটাতে যাওয়া, দাঁত ব্রাশ করা, স্কুলে যাওয়া, একেবারে স্বাভাবিক দিনযাপন করতে করতে।

এবার এখানেই শুরু হয় অদ্ভুত ব্যাপার: জারার চোখে অ্যালেক্সের যাত্রা লাগে ১৮ বছর। কিন্তু অ্যালেক্স ফিরে এলে দেখা যায়, তার বয়স বেড়েছে মাত্র ১ বছর!

কী হলো এটা?

এটাকেই বলা হয় যমজ সময় (Twin Time), এবং এটা কোনো ভুল নয়। এটা পদার্থবিজ্ঞানের একেবারে সত্যি ঘটনা, আলবার্ট আইনস্টাইনের বিশেষ আপেক্ষিকতা তত্ত্ব (special relativity) অনুযায়ী।

এই তত্ত্ব বলে: “তুমি যত দ্রুত স্থান দিয়ে চলবে, সময় দিয়ে তত ধীরে চলবে।”

তাই অ্যালেক্স যেহেতু ভীষণ দ্রুতগতিতে চলছিল, তার জন্য সময় ধীরে চলেছে। তার কাছে সব স্বাভাবিকই লেগেছে, সে খাবার খেয়েছে, চোখ পিটপিট করেছে, ঘুমিয়েছে, কিন্তু পৃথিবীর জারার ঘড়ির তুলনায় তার ঘড়ি ধীরে টিকটিক করেছে।

যখন তারা আবার দেখা করে, তখন জারার বয়স ৩০ বছর, আর অ্যালেক্সের বয়স মাত্র ১৩ বছর! তারা আর সমবয়সী রইল না!

তোমার মিশন: ধরো তুমি যমজদের একজন

একটা ভূমিকা বেছে নাও:

বিকল্প A: তুমি অ্যালেক্স

মহাশূন্যে ছুটতে কেমন লাগবে? তারাগুলো দেখতে কেমন লাগবে? মহাকাশযানে থাকতে থাকতে তোমার জীবন কেমন হবে?

তুমি কি বুঝতে পারবে যে তোমার জন্য সময় ধীরে চলছে?

ফিরে এসে দেখলে জারা অনেক বেশি বয়সী, তখন তোমার মন কেমন হবে?

বিকল্প B: তুমি জারা।

অ্যালেক্স দূরে থাকলে তুমি কী ভাববে?

তোমার যমজ ফিরে এলো, কিন্তু সে তোমার চেয়ে ছোট, এটা দেখে কেমন লাগবে?

এটা কি "ন্যায্য" মনে হবে? কেন?

আঁকো বা লেখো তোমার অভিজ্ঞতা

- দু'জন যমজের দৃষ্টিকোণ থেকে দু'টি ডায়েরি এন্ট্রি (journal entry) লিখে ফেলো।
- দুটো ঘড়ি আঁকো: একটা পৃথিবীতে, একটা মহাকাশযানে। দেখাও কীভাবে তারা আলাদা গতিতে টিকটিক করছে।
- তাদের পুনর্মিলনের মুহূর্তটা নিয়ে ছোট একটা কমিক বা গল্প লেখো।

ভাবার মতো প্রশ্ন

সময় কি "ন্যায্য"?

তুমি কি অ্যালেক্সের মতো একটা ট্রিপে যেতে চাইবে? কেন বা কেন নয়?

তোমার কি মনে হয় ভবিষ্যতে সময় ভ্রমণ সত্যিই সম্ভব?

তুমি যা শিখলে

- সময় সবার জন্য একরকম নয়, তুমি কত দ্রুত চলছ, তার উপর নির্ভর করে।
- মহাবিশ্বের একটাই "মাস্টার ঘড়ি" নেই।

- শুনতে সায়েন্স ফিকশন লাগলেও, এটা পরীক্ষা করা হয়েছে, বিমানে অত্যন্ত নির্ভুল অ্যাটোমিক ঘড়ি ব্যবহার করে!

তাই পরের বার কেউ বললে, "সময় তো উড়ে যায়," তুমি মুচকি হেসে বলতে পারো: "আসলে সময়, আমাদের গতি আর মাধ্যাকর্ষণের উপর নির্ভর করে, টানে, সঙ্কুচিত হয়, আর বাঁকেও!"

ব্লক টাইম কার্যক্রম

কিছু বিজ্ঞানী মনে করেন, সময় আসলে সত্যি সত্যি "বয়ে যায়" না। বরং সব মুহূর্ত, অতীত, বর্তমান, আর ভবিষ্যৎ, আগেই আছে, ঠিক যেন একটা ফটো অ্যালবামের ছবিগুলো। আমাদের মনে হয় সময় এগোচ্ছে, কিন্তু বাস্তবে আমরা শুধু একটা মুহূর্ত করে অনুভব করি।

ইলাস্ট্রেশন 52: তার জীবনের ফ্লিপবুক

এই ধারণাটাকে বলা হয় ব্লক টাইম: অর্থাৎ পুরো মহাবিশ্বটা যেন এক বিশাল জমে-থাকা ব্লক, যেখানে প্রতিটি ঘটনারই নিজের মতো করে একটা নির্দিষ্ট "জায়গা" আছে।

তোমার মিশন: জমে-থাকা মহাবিশ্বে জীবন কল্পনা করো

চলো, তোমার চিন্তা-পরীক্ষা শুরু করি!

ধাপ ১: তোমার জীবনের একটা ফ্লিপবুক কল্পনা করো

তোমার জীবনকে ভাবো একটা ফ্লিপবুক হিসেবে, ওই ছোট্ট কার্টুন বইগুলোর মতো, যেখানে পাতাগুলো দ্রুত উল্টোলে ছবিগুলো যেন চলতে শুরু করে। প্রতিটি পাতা হলো একেকটা মুহূর্ত: দাঁত ব্রাশ করা, সাইকেল চালানো, জন্মদিনের মোমবাতি ফুঁ দিয়ে নেভানো। তোমার দিনের ৫টা "পাতা" লিখে বা এঁকে ফেলো, একেকটা যেন সময়ের মধ্যে জমে থাকা ছবি ।

ধাপ ২: এবার... বইটা উল্টানো থামিয়ে দাও

ভাবো, তুমি বইটা স্থির করে ধরে আছ। সকাল, দুপুর, রাত, সব মুহূর্তই আছে, কিন্তু তুমি পাতাগুলো উল্টাচ্ছ না। মুহূর্তগুলো হারিয়ে যায় না। তারা শুধু আছে, একটার পাশে আরেকটা, পাশাপাশি।

ভেবে দেখো

যদি সব মুহূর্ত আগেই থাকে, তাহলে... "এখন"কে "এখন" মনে হয় কেন?

তুমি কি সত্যিই সময়ের ভেতর দিয়ে ভ্রমণ করছ, নাকি শুধু এক একটা টুকরো মুহূর্ত করে অনুভব করছ?

ধাপ ৩: মুহূর্তের হলঘর দিয়ে হাঁটো

চোখ বন্ধ করো, আর ভাবো তুমি একটা লম্বা করিডোরে হাঁটছ। দেয়ালের গায়ে সারি সারি জ্বলজ্বলে জানালা। প্রতিটা জানালায় তোমার জীবনের একটা মুহূর্ত দেখা যায়, কিছু অতীতে, কিছু ভবিষ্যতে।

তুমি এক জানালায় থামলে: তোমার গত জন্মদিন। আরও এগিয়ে দেখলে: তোমার হাই স্কুলের প্রথম দিন। সব জানালাই আগে থেকেই আছে, তুমি শুধু এখনো সবগুলোর ভেতর "উঁকি" দাওনি।

ধাপ ৪: বড় বড় প্রশ্ন করো

ভবিষ্যৎ যদি আগেই থাকে, তাহলে কি আমরা এখনও সিদ্ধান্ত নিতে পারি? আমরা কি আমাদের জীবনের গল্প "আবিষ্কার" করছি, নাকি মঞ্চে অভিনেতার মতো আগে থেকেই লেখা স্ক্রিপ্ট "খেলে" চলেছি? কোনো মুহূর্ত যদি কখনোই "হারিয়ে" না যায়, তাহলে সেটা কি সত্যিই অতীত?

তোমার ভাবনাগুলো লিখে ফেলো। এখানে ভুল উত্তর বলে কিছু নেই। এটা তোমারই সময়-ভ্রমণের যাত্রা!

স্থান নেই, সময় নেই , কার্যক্রম

এটা শুধু "কিছুই নেই" এমন নয়। শুধু "মানুষ নেই" এমনও নয়। বরং একদমই স্থান নেই, একদমই সময় নেই, তাহলে কেমন হবে? এটা হয়তো সব চিন্তা-পরীক্ষার মধ্যে সবচেয়ে কঠিন, কারণ তোমার মস্তিষ্ক এমনভাবেই তৈরি যে সে স্থান (জিনিস কোথায়) আর সময় (কখন ঘটে) বুঝে পৃথিবীটা সাজায়। কিন্তু এবার আমরা এমন এক মহাবিশ্ব কল্পনা করব, যেখানে দুটোই নেই।

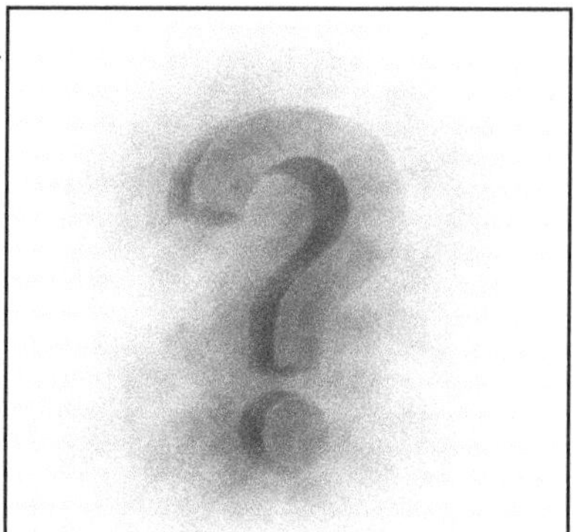

ইলাস্ট্রেশন 53: শূন্যতা

প্রস্তুত? তাহলে চল, কল্পনারও বাইরে একটু এগিয়ে যাই।

ধাপ ১: চোখ বন্ধ করো

একটা শান্ত জায়গা খুঁজে নাও। চোখ বন্ধ করো। গভীর শ্বাস নাও। এবার কল্পনা করো... আকাশ নেই। মাটি নেই। বাম-ডান নেই, উপর-নিচ নেই। "আগে" নেই। "পরে" নেই। শুধু... স্থিরতা। কিন্তু এটা শান্ত ঘরের

স্থিরতা নয়। এটা আরও গভীর। কারণ এখানে “ঘর”-ই নেই। কোনো জায়গাই নেই।

ধাপ ২: “শূন্য” কল্পনা করার চেষ্টা করো

এটা কঠিন, কারণ তোমার মস্তিষ্ক সঙ্গে সঙ্গে ওটার একটা আকার দিতে চাইবে, হয়তো কালো একটা ফাঁকা জায়গা, বা কুয়াশামাখা শূন্যতা। কিন্তু কালো তো একটা রং, আর কুয়াশা তো স্থান দখল করে। চেষ্টা করো, এগুলোও যেন না থাকে।

নিজেকে প্রশ্ন করো: “শূন্য” দেখতে কেমন? (উত্তর: শূন্য দেখা যায় না।)
সময় না থাকলে বদলাবে কীভাবে? স্থান না থাকলে থাকবে কোথায়? এই “স্থানহীন-সময়হীন” জায়গায় কি তুমি থাকতে পারতে?

ধাপ ৩: একটা ভাবনার জন্ম কল্পনা করো

এবার মনে করো, হঠাৎ একটা ক্ষুদ্র ভাবনা জন্ম নিল। সচেতনতার একটুকরো বিন্দু। হয়তো সেটা তুমি, হয়তো না। ওটা নড়তে পারে না, কারণ নড়ার মতো কোনো “কোথায়” নেই। ওটা বদলাতে পারে না, কারণ বদলানোর মতো কোনো “কখন” নেই। ওটা শুধু...

আছে। এটা নিয়ে ভাবো: যদি সেটা কিছুই করতে না পারে, বদলাতে না পারে, তাহলে কি সেটা “বাস্তব”? সেটা কি চিরদিন আটকে গেল? নাকি “চিরদিন” কথাটাই এখানে কাজ করে না, কারণ এখানে তো সময়ই নেই?

ধাপ ৪: তোমার অভিজ্ঞতা লিখে বা এঁকে রাখো

স্থানও ছিল না, সময়ও ছিল না, তবু তুমি এটা কল্পনা করলে! কয়েকটা লাইন লিখে ফেলো, তোমার কেমন লাগল? শান্ত? ভয়? গুলিয়ে যাওয়া? তুমি কি বুঝতে পারলে, বোঝাতে গিয়ে তুমি নিজেই একটু “স্থান” বা “সময়” বানিয়ে ফেলছ?

তারপর একটা চিহ্ন (symbol) আঁকো, যা “স্থান নেই, সময় নেই” এমন একটা জগৎকে বোঝাবে। সেই চিহ্নটা দেখতে কেমন হবে?

শেষের বড় প্রশ্নগুলো

“কিছুই নেই” থেকে কি “কিছু” আসতে পারে? যদি মহাবিশ্ব শুরু হয়ে থাকে স্থানহীন-সময়হীন অবস্থা থেকে... তাহলে স্থান আর সময় শুরু হলো কেন? কী কারণে? আমরা যদি “শূন্য” কল্পনা করতে পারি, তাহলে শূন্য কি সত্যিই শূন্য থাকে?

তুমি যা শিখলে

স্থান আর সময় আমাদের কাছে এত স্বাভাবিক যে তাদের ছাড়া জীবন কল্পনা করাই প্রায় অসম্ভব। তবু কিছু বিজ্ঞানী মনে করেন, মহাবিশ্বের শুরু এমনই এক ধরনের "শূন্যতা" থেকে, তারপর সেখান থেকে জন্ম নিয়েছে স্থান আর সময়। অসাধ্য কল্পনাও, বাস্তবকে আরও গভীরে বুঝতে সাহায্য করে।

পিছনদিকে সময় কার্যক্রম

সময় যদি সামনে এগোতেই না থাকে?

ভাবো তো, ঘুম থেকে উঠে দাঁত ব্রাশ করে স্কুলে যাওয়ার বদলে তুমি দাঁত আন-ব্রাশ করছ, সূর্য ওঠার সময় বিছানায় ঢুকছ, আর প্রতিদিন আরও ছোট হয়ে যাচ্ছ!

এটা হলো উল্টো সময় নিয়ে একটা চিন্তা-পরীক্ষা, যেখানে সবকিছু ঘটে উল্টো দিকে। চলো, উল্টো পথে একটা যাত্রা করি।

ধাপ ১: তোমার দিনটা রিওয়াইন্ড করো

চোখ বন্ধ করো। এই মুহূর্ত থেকে তোমার পুরো দিনটা ভাবো, পিছিয়ে পিছিয়ে, তুমি জেগে ওঠা পর্যন্ত। এবার কল্পনা করো, সব কিছু ঘটছে উল্টোভাবে। তুমি নাশতা খাও... আর খাবারটা উল্টো করে তোমার মুখ থেকে উড়ে এসে প্লেটে পড়ে যায়! তুমি স্কুলে যাও উল্টো হাঁটে, উল্টো বাক্যে কথা বলো। শিক্ষক যা শেখান, তুমি সেগুলো আন-শিখে ফেলো, আর তোমার পেন্সিল হোমওয়ার্ক আন-লিখে দেয়!

ইলাস্ট্রেশন 54: উল্টো দিকে বয়ে চলা সময়

দিনের ৩টা কাজ বেছে নিয়ে উল্টোভাবে দেখিয়ে একটা ছোট কমিক স্ট্রিপ আঁকো! যেমন, দুধ জগে ফিরে ঢুকে যাচ্ছে, বা তুমি লাফ দিয়ে মাটিতে নামছ... আর শেষে বিছানায় পৌঁছে যাচ্ছ!

ধাপ ২: আরও ছোট হয়ে যাও

এবার পুরো জীবনটা উল্টো করে ভাবো। বড় হওয়ার বদলে তুমি "ছোট" হতে থাকো। তুমি খাটো হয়ে যাচ্ছ, গলা আরও চিকন হচ্ছে, আর একদিন তুমি তোমার প্রথম জন্মদিনের কেকের মোমবাতিগুলো ফুঁ দিয়ে

নেভানোটা উল্টো করে, মানে মোমবাতিগুলো আবার জ্বলে উঠল! শেষে তুমি ফিরে গেলে গর্ভে, আর তারপর... জন্মানোর আগেই গায়েব!

প্রতিদিন ছোট হতে থাকলে তুমি কি তবুও "তুমি"-ই মনে হবে? তুমি কি "আগামীকাল"-কে মনে রাখতে পারবে, যেমন তুমি "গতকাল" মনে রাখো?

ধাপ ৩: একটা উল্টো পৃথিবী বানাও

একটা পৃথিবী কল্পনা করো যেখানে সবাই উল্টোভাবে বেঁচে থাকে। বৃষ্টির ফোঁটা উড়ে উঠে মেঘে ঢুকে যায়। মানুষ বুড়ো হয়ে শুরু করে, তারপর ক্রমে তরুণ হতে থাকে। সূর্য ওঠে পশ্চিমে, আর অস্ত যায় পূর্বে। এই উল্টো পৃথিবীতে "একটা দিন" কেমন হবে, এ নিয়ে একটা অনুচ্ছেদ লেখো। যত খুশি কল্পনা করো!

বিজ্ঞানীরা কী বলেন: এবার মজার অংশ! পদার্থবিদ্যার অনেক নিয়মই সামনে আর পিছনে, দু'দিকেই একই রকম কাজ করে। একটা সমীকরণই বা পাত্তা দেয় কেন, সময় কোন দিকে যাচ্ছে! তাহলে আমরা সময়কে সামনে যেতে অনুভব করি কেন?

এনট্রপি হলো একটা ফ্যান্সি শব্দ, যার মানে, মহাবিশ্বের জিনিসপত্র সময়ের সাথে সাথে সাধারণত আরও এলোমেলো হতে চায়। এনট্রপির কারণেই ডিম ভাঙে, বরফ গলে, বালুর রাজপ্রাসাদ ভেঙে পড়ে, উল্টোটা হয় না। কিন্তু যদি এনট্রপি উল্টো হয়ে যেত... তাহলে কি আমরা উল্টোভাবে বাঁচতে পারতাম?

ধাপ ৪: যমজ মহাবিশ্ব কল্পনা করো

দুটি মহাবিশ্ব কল্পনা করো, একটায় সময় বয়ে যায় উল্টো দিকে, আর অন্যটায় আমাদের মতো সামনে। তাহলে কি কোনো মহাবিশ্বের মানুষ বুঝতে পারবে যে তারা "অন্যটার তুলনায়" উল্টো দিকে যাচ্ছে? লেখো, এক মহাবিশ্ব অন্য মহাবিশ্বের মানুষের কাছে কেমন মনে হতে পারে।

ভাববার মতো প্রশ্নগুলো

তোমার ভাবনাগুলোও কি উল্টো দিকে চলবে? একজন উল্টো মানুষ কি বুঝতে পারবে সে উল্টো? তুমি যদি একটা গ্লাস ভাঙো আর দেখো সেটা নিজে নিজে জোড়া লেগে গেল, এই দুনিয়ায় সেটা কি বেশি জাদু লাগবে, নাকি একেবারে স্বাভাবিক?

তুমি যা শিখলে

তত্ত্ব অনুযায়ী সময় উল্টো দিকেও চলতে পারে। আমরা সময়কে যে "একদিকে" যেতে অনুভব করি, সেটা হয়তো শক্তি কীভাবে ছড়িয়ে পড়ে (এনট্রপি বাড়ে) তার সাথে জড়িত। উল্টো করে ভাবা আমাদের সাহায্য করে বুঝতে, আমরা কেন সামনে দিকেই বেঁচে থাকি।

থেমে থাকা সময় কার্যক্রম

কল্পনা করো: তুমি ঠিক জুতোর ফিতা বাঁধছ, বা স্যান্ডউইচে এক কামড় দিচ্ছ, বা বন্ধুর কৌতুকে হেসে উঠেছ, আর হঠাৎ... সময় থেমে গেল। শুধু তোমার জন্য নয়, সব কিছুর জন্য।

ঘড়ি টিকটিক করে না। বাতাস বয় না। পাখি ডানা ঝাপটায় না। ভাবনাও নড়ে না। এমনকি আলোও চলতে পারে না।

এটা কেমন হবে? আদৌ কি কিছু "ঘটতে" পারবে?

চলো দেখা যাক।

ইলাস্ট্রেশন 55: থেমে থাকা সময়

ধাপ ১: পৃথিবীকে জমিয়ে দাও

চোখ বন্ধ করো, আর তোমার চারপাশের পৃথিবীটাকে একেবারে জমে থাকা অবস্থায় কল্পনা করো। একটা পাতা মাঝআকাশে আটকে আছে। একজন মানুষের পা মাটির ঠিক ওপরেই থেমে আছে। এক ফোঁটা জল ছিটকে উঠেই, ছিটকে উঠেই, স্থির হয়ে গেছে।

এবার নিজেকে প্রশ্ন করো: "আমি কি নড়তে পারি?" যদি তুমি নড়তে পারো, তাহলে তোমার জন্য সময় আসলে থামেনি। আর যদি তুমি নড়তেই না পারো, তাহলে তুমি বুঝতেও পারবে না যে সময় থেমেছে, কারণ তোমার মস্তিষ্কও তো জমে যাবে!

কাজ: সময়ে জমে থাকা একটা দৃশ্য লিখে বা এঁকে ফেলো। সেই এক ঝলকে কী কী খুঁটিনাটি আটকে থাকবে?

ধাপ ২: জমে থাকা সময়ে নড়াচড়া কল্পনা করো

ধরো, শুধু তুমি একাই নড়তে পারছ, বাকিরা সবাই জমে আছে। (একদম সুপারহিরো সিনেমার মতো!) তুমি হাঁটছ, চারদিকে সব স্থির। তুমি একটা জিনিস তুলতে গেলে, কিন্তু দাঁড়াও! পরমাণুগুলো তো

প্রতিক্রিয়া দেখাতে সময় চায়। তাহলে বস্তুটা কি তোমার ছোঁয়ায় কিছু করবে?

নিজেকে প্রশ্ন করো:

- বাতাসের অণুগুলো না নড়লে তুমি কি শ্বাস নিতে পারবে?
- আলো যদি তোমার চোখ পর্যন্ত না আসে, তুমি কি দেখতে পারবে?
- মস্তিষ্ক কাজ করতে সময় লাগে, সময় থেমে গেলে তুমি কি ভাবতেই পারবে?
- ছোঁয়া মানে বস্তুটা তোমার ছোঁয়াকে "পাল্টা চাপ" দিয়ে উত্তর দেয়। কিন্তু বস্তুটা যদি প্রতিক্রিয়া দেখাতেই না পারে, তাহলে তুমি কি কিছু অনুভব করবে? নাকি তোমার হাত বস্তুটার ভেতর দিয়ে চলে যাবে?

স্পয়লার: সময় যদি সত্যিই থেমে যায়, তাহলে কিছুই ঘটতে পারে না, ভাবনাও না।

ধাপ ৩: সময় আবার চালু হলো

এবার কল্পনা করো, হঠাৎ করে সময় আবার চলতে শুরু করল।

পাতাটা আবার পড়তে শুরু করল।

বন্ধুর হাসির শব্দ মাঝখান থেকেই আবার গড়িয়ে এল।

তোমার পা, যেটা তখনও চলছিল, মাটিতে ছুঁয়ে গেল।

তুমি কি "পজ" মনে রাখতে পারবে?

যদি সময় সবার জন্যই (তোমাকেও) জমে থাকত, আর এমনকি স্মৃতিও থেমে থাকত, তাহলে তুমি জানতেই না যে কিছু ঘটেছিল। যদি না তুমি সময়ের বাইরে থাকতে, একজন "টাইম ট্রাভেলার"-এর মতো!

সময় ফিরে আসার পর প্রথম এক সেকেন্ড কেমন লাগবে, শব্দে লিখে ফেলো।

ধাপ ২: থেমে থাকা সময় কার্যক্রম

তোমার পছন্দের কোনো সিনেমা চালাও, অ্যাকশন, কমেডি, রহস্য, যেটাই হোক। কিন্তু টুইস্ট হলো: হঠাৎ হঠাৎ, এলোমেলো মুহূর্তে Pause চাপো।

তারপর ভালো করে দেখো, কী দেখা যাচ্ছে?

কারও মুখ মাঝ-বাক্যে হাঁ হয়ে আছে। কারও ভুরু অর্ধেক উঠে আছে। কারও হাত বাতাসে ভাসছে, যেন ভুলে গেছে কী করছিল। সবাই জমে আছে, কিন্তু মূর্তির মতো নয়। বরং যেন "ধরা পড়েছে" চমকে! এবার মজা শুরু: সিনেমা থেমে থাকলেও তোমার কল্পনা থামে না। তুমি কি আন্দাজ করতে পারো তারা কী করতে যাচ্ছিল? এরপর কী হতে পারে? একটু আগে কী হলো?

সময় থামলে আমরা জীবনের কিছু অদ্ভুত, মজার, রহস্যময় ছোট্ট টুকরো দেখতে পাই, যেন সময়কে হঠাৎ "হকচকিয়ে" ধরা!

ভাবার বড় প্রশ্ন

সবকিছু না থামিয়ে কি সময় থামতে পারে? "পজ" কি সত্যিই সম্ভব, নাকি সময়কে সবসময়ই বয়ে যেতে হয়? তুমি যদি সময় থামিয়ে নিজে নড়তে পারো, সেটা কি জাদু হবে, নাকি বিজ্ঞান? আর যদি সময় সত্যিই থামে... তুমি কি কখনো জানতেই পারবে?

আর তবু...

ধরো সময় মাঝে মাঝে ক্ষুদ্র "ঘুম" দেয়, আর আমরা টেরই পাই না?

আমরা স্পেসটাইমের ভেতরেই থাকি, জলের ভেতর মাছের মতো। সময় যদি থামে, এক পলকের জন্য হলেও, সবকিছু থেমে যাবে তার সাথে। তোমার শ্বাস? জমে যাবে। বাতাস? স্থির। কিন্তু তোমার কিছুই মনে হবে না, কারণ তুমিও তো পজ হয়ে থাকবে। ভাবনা নেই, টিকটিক নেই, গতি নেই।

তাই হতে পারে, সময় সবসময়ই পজ বোতাম টিপে।

কিন্তু যদি সবাই একসাথে পজ হয়... তাহলে খেয়াল করবে কে?

তুমি যা শিখলে

সময় শুধু ঘড়ির কাঁটা নয়, এটা বাস্তবতার ইঞ্জিন। সময় যদি সত্যিই থেমে যায়, তাহলে আলো, গতি, এমনকি চিন্তাও জমে যাবে। সময় থামানো শুনতে মজার লাগলেও... সেটা হয়তো কিছুক্ষণের জন্য "অদৃশ্য হয়ে যাওয়া"-র মতোই।

বিচ্ছিন্ন সময় কার্যক্রম

লক্ষ্য

ঘড়ির সেকেন্ডের মতো, ঘটনা কীভাবে শুধু আলাদা আলাদা, নির্দিষ্ট মুহূর্তে ঘটতে পারে (মাঝখানে নয়), এটা অভিনয় করে বুঝে নেওয়া।

যা লাগবে

- প্রতি সেকেন্ডে "বিপ" দেয় এমন স্টপওয়াচ/টাইমার, অথবা ঘড়ি আছে এমন কোনো বন্ধু
- একটা বড় খোলা জায়গা (বাড়ির উঠোন, জিম, বা লিভিং রুম)
- কাগজ ও পেন্সিল

ইলাস্ট্রেশন 56: বিচ্ছিন্ন সময়

মঞ্চ তৈরি করো

সময়কে একটা মসৃণ নদীর মতো নয়, ভাবো একটা রেখার ওপর বিন্দুর সারি। প্রতিটি সেকেন্ড হলো একেকটা নতুন "টিক", যখন কিছু ঘটতে পারে। কিন্তু দুই টিকের মাঝখানে? কিছুই ঘটে না।

নড়াচড়ার খেলা

টাইমার চালু হলে তুমি প্রতি সেকেন্ডে একটু করে নড়বে। কিন্তু মনে রেখো: তুমি শুধু টিকের মুহূর্তেই নড়তে পারবে। দুই সেকেন্ডের মাঝখানে? মূর্তির মতো জমে থাকবে।

এক-অক্ষরের বাক্য চ্যালেঞ্জ

তুমি নড়াচড়া করার সাথে সাথে একটা বাক্যও বানাবে, কিন্তু টুইস্ট আছে! তুমি প্রতি সেকেন্ডে শুধু একটা অক্ষর জোরে বলতে পারবে। মানে বাক্য বলতে হবে, একেক সেকেন্ডে একেকটা অক্ষর করে। অক্ষরটা শব্দের ভেতরে যেমন উচ্চারণ হয়, তেমন করেই বলো।

উদাহরণ:

1st second: "আ"
2nd second: "মি"
3rd second: " "
4th second: "এ"
5th second: "খা"
6th second: "নে"
7th second: " "
8th second: "আ"
9th second: "ছি"
→ "আমি এখানে আছি "

সময় কীভাবে কাজ করে দেখো

খেয়াল করো, তুমি অক্ষরগুলো মিশিয়ে ফেলতে পারছ না, শর্টকাট নিতে পারছ না। প্রতিটা অক্ষরকে থাকতে হচ্ছে নিজের আলাদা মুহূর্তে। এটাই বিচ্ছিন্ন সময়। মাঝখান নেই। মসৃণভাবে একটার সাথে আরেকটা জুড়ে যাওয়া নেই। শুধু, টিক। টিক। টিক।

ভাবার প্রশ্ন

যদি তুমি টিকের মাঝখানেও "অক্ষরের একটু অংশ" বলতে পারতে, তাহলে কী বদলাত? তখনও কি সময়কে বিচ্ছিন্ন সময় বলা যেত?

লাঠি-ঘড়ি কার্যক্রম

গিয়ার ছাড়া একটা ঘড়ি

হ্যাঁ, এটা সত্যি! মানুষ যখন ফোন বা হাতঘড়ি ব্যবহার করত না, তখন তারা সময় জানার জন্য আকাশের দিকে তাকাত। আর তুমি-ও পারবে, শুধু একটা লাঠি, একটু রোদ, আর সামান্য ধৈর্য থাকলেই।

এই যন্ত্রটার নাম ছায়া-লাঠি। এটা পৃথিবীর সূর্যের সাথে নাচ, মানে পৃথিবীর ঘোরা, সেখান থেকেই সরাসরি সময় "পড়ে" নিতে সাহায্য করে।

ইলাস্ট্রেশন 57: *লাঠি-ঘড়ি*

যা লাগবে

- একটা সোজা লাঠি, প্রায় তোমার হাতের দৈর্ঘ্যের মতো
- একটা রোদেলা, খোলা জায়গা (ঘাস, মাটি, বা বালু সবচেয়ে ভালো)
- ছায়ার অবস্থান চিহ্নিত করার জন্য ছোট পাথর বা মার্কার
- পর্যবেক্ষণ লেখার জন্য খাতা/কাগজ
- (ঐচ্ছিক) দিক বোঝার জন্য কম্পাস

ধাপ ১: লাঠিটা পুঁতে দাও

সকালে শুরু করো (সম্ভব হলে সকাল ৯টা নাগাদ)। এমন একটা সমতল, রোদেলা জায়গা বেছে নাও যেখানে লাঠির ছায়া কোনো কিছুর আড়ালে পড়বে না। লাঠিটা মাটিতে পুঁতে দাও যেন সেটা একেবারে সোজা দাঁড়ায়, যতটা সম্ভব খাড়া। লাঠির চারদিকে সবদিকে কমপক্ষে

এক মিটার করে খালি জায়গা পরিষ্কার করো। তুমি এইমাত্র বানিয়ে ফেললে একেবারে প্রাচীন এক যন্ত্র, ছদ্মবেশী সূর্যঘড়ি!

ধাপ ২: ছায়ার দাগ দাও

এবার "জাদু" শুরু। দিনের বিভিন্ন সময়ে লাঠির ছায়া দেখো। ছায়ার মাথায় (tip) একটা ছোট পাথর বা চিহ্ন বসাও। তারপর সেই চিহ্নে সময় লিখে দাও (ঘড়ি দেখে সময় মিলিয়ে নাও)। এটা প্রতি ঘণ্টায় করো (১০টা, ১১টা, ১২টা...), দুপুর পেরিয়ে বিকেল পর্যন্ত।

ধীরে ধীরে তুমি একটা অদ্ভুত ব্যাপার দেখবে: ছায়াটা বৃত্তের মতো ঘুরে ঘুরে সরে যাচ্ছে। এলোমেলো নয়, একটা নিয়ম মেনে, উদ্দেশ্য নিয়ে

ধাপ ৩: সূর্যের ঘড়ি পড়ো

কয়েকটা দাগ দেওয়ার পর দেখবে, সকালে আর বিকেলে ছায়া সবচেয়ে লম্বা। আর দুপুরের কাছাকাছি, সূর্য যখন সবচেয়ে ওপরে থাকে, ছায়া হয় সবচেয়ে ছোট। উত্তর গোলার্ধে সবচেয়ে ছোট ছায়াটা উত্তরের দিকে দেখায়, আর দক্ষিণ গোলার্ধে সেটা দক্ষিণের দিকে। তোমার পাথরগুলোর দাগ মিলিয়ে তৈরি হয়ে যায় একটা প্রাকৃতিক "ঘড়ির ডায়াল", যেখানে প্রতিটি ছায়ার মাথা একেকটা ঘণ্টা দেখায়।

সূর্যকে মনে হয় আকাশ জুড়ে চলতে চলতে যাচ্ছে... কিন্তু সত্যি কি সূর্য চলছে? নাকি তুমি আর পৃথিবীই ঘুরছ?

ধাপ ৪: নিজেই সময়-জানিয়ে হও

পরের দিন তোমার লাঠির পাশে দাঁড়াও। কোনো ঘড়ি না দেখে, শুধু ছায়াটা তোমার চিহ্নগুলোর মধ্যে কোথায় পড়েছে দেখে সময় আন্দাজ করো। তারপর ঘড়ি দেখে মিলিয়ে নাও। কতটা কাছাকাছি হলো? শিগগিরই তুমি শুধু সময় "দেখবে" না, তুমি সময় পড়তে শিখে যাবে, রোদ আর ছায়া দিয়ে!

তুমি যা শিখলে

সূর্যের অবস্থান বদলায় কারণ পৃথিবী ঘুরছে। ছায়া দিনের মধ্যে একটা নির্দিষ্ট, নিয়ম মেনে চলা পথে সরে যায়। প্রকৃতির সাহায্যেই সময় বলা যায়, যেমন প্রাচীন জ্যোতির্বিজ্ঞানীরা একসময় করতেন। সময় শুধু যন্ত্রের ভেতর টিকটিক করে না। সময় লেখা থাকে আকাশে, আর এখন তুমি জানো সেটা কীভাবে পড়তে হয়।

সূর্যঘড়ি কার্যক্রম

লক্ষ্য

একটা কাজের সূর্যঘড়ি বানাও, সূর্যের ছায়া ধরে সময় ট্র্যাক করো, আর আবিষ্কার করো, ঘড়ি বা অ্যাপ ছাড়াই প্রাচীন মানুষ কীভাবে সময় বলত!

ইলাস্ট্রেশন 58: কাগজের প্লেটের সূর্যঘড়ি

যা লাগবে

- একদম সোজা একটা লাঠি বা ডাওয়েল (প্রায় ১২ ইঞ্চি লম্বা)
- একটা কাগজের প্লেট বা কার্ডবোর্ডের টুকরো
- একটা কম্পাস (অথবা কম্পাস আছে এমন ফোন)
- একটা ঘড়ি বা ফোন (সময় মিলিয়ে দেখার জন্য)
- একটা রোদেলা দিন!
- মার্কার বা কলম

ধাপ ১: ডায়াল তৈরি করো

কাগজের প্লেটের মাঝখান দিয়ে লাঠিটা গেঁথে দাও, অথবা কার্ডবোর্ডের ঠিক মাঝখানে টেপ দিয়ে লাঠিটা খাড়া করে আটকে দাও। এই লাঠিটাই হলো তোমার গ্নোমন (gnomon, উচ্চারণ: নো-মোন)। সূর্যঘড়ির যে অংশটা ছায়া ফেলে, তার জন্য এই "ফ্যান্সি" নামটা ব্যবহার করা হয়।

ধাপ ২: আসল উত্তর দিক খুঁজে নাও

কম্পাস ব্যবহার করে প্লেটটা এমনভাবে ঘুরিয়ে নাও যাতে লাঠিটা একদম উত্তর দিকে নির্দেশ করে। এটা খুব জরুরি! এভাবে রাখলে সারা দিন ছায়াটা ঠিকভাবে পড়বে।

ধাপ ৩: ছায়া চিহ্নিত করো

প্রতি ঘণ্টায় বাইরে গিয়ে তোমার সূর্যঘড়িটা একই জায়গায় এবং একই অবস্থানে রেখে দাও। মার্কার দিয়ে লাঠির ছায়ার রেখাটা টেনে দাও, আর সেই রেখার পাশে তখনকার সময় লিখে ফেলো।

ধাপ ৪: পুরো দিন ধরে[illegible]িয়ে যাও

সকাল থেকে সন্ধ্যা পর্যন্ত প্রতি ঘণ্টায় ছায়ার দাগ দিতে চেষ্টা করো। তুমি আসলে একটা "মানচিত্র" আঁকছ, সূর্যের নিচে পৃথিবী কীভাবে ঘুরছে তার!

যা পর্যবেক্ষণ করবে

- দিনের মধ্যে ছায়ার দৈর্ঘ্য কীভাবে বদলায়?
- ছায়াটা কোন দিকে সরে যায়?
- কখন ছায়াটা সবচেয়ে ছোট হয়? কখন?

চাইলে আরও রহস্য খুঁজি

- দুপুরে সূর্যঘড়ি দেখো, ছায়াটা কি ঠিক উত্তর দিকে বা দক্ষিণ দিকে নির্দেশ করছে?
- শীতে একটা সূর্যঘড়ি বানাও, আবার গ্রীষ্মে আরেকটা। ছায়ার পথ কি বদলে যায়?
- নিজেকে প্রাচীন জ্যোতির্বিজ্ঞানী ভাবো, এটা দিয়ে কি ক্যালেন্ডার বানানো যেত?

তুমি যা শিখছ

- পৃথিবীর ঘোরাই এমন ছায়া তৈরি করে যা ঘড়ির কাঁটার মতো সরে যায়।
- ডিজিটাল সময়ের আগে মানুষ ছায়া, তারা, আর সূর্য দেখে ঘণ্টা, দিন, আর ঋতু বুঝত।
- তুমি শিখছ প্রাচীন পদ্ধতিতে সময় বলা, আকাশকে গাইড বানিয়ে।

বালিঘড়ি বানানোর কার্যক্রম

এই কার্যক্রমে তুমি সহজ কিছু ঘরোয়া জিনিস ব্যবহার করে একদম কাজ করে এমন একটা বালিঘড়ি বানাবে। হাতে-কলমে বানাতে বানাতে তুমি বুঝে ফেলবে বালিঘড়ি কীভাবে সময় মাপে, আর কীভাবে বালির প্রবাহ, মাধ্যাকর্ষণ, আর পাত্রের আকৃতি, এই তিনজন মিলে টাইমকিপিং-এর খেলা চালায়।

ইলাস্ট্রেশন 59: বালুঘড়ি

প্রয়োজনীয় জিনিসপত্র

- একই আকারের ২টি ছোট স্বচ্ছ প্লাস্টিক বোতল (যেমন পানির বোতল)
- ১টি শক্ত কার্ডবোর্ডের শিট অথবা মাঝখানে ছিদ্র করা একটি বোতলের ঢাকনা
- সূক্ষ্ম, শুকনো বালি (কিনতে পারো, বা লবণ/চিনি শুকিয়ে গুঁড়ো করেও বানানো যায়, তবে অবশ্যই শুকনো হতে হবে)

- একটি পেরেক বা পুশপিন (ছিদ্র করার জন্য)
- টেপ বা হট গ্লু গান (বড়দের তত্ত্বাবধানে)
- স্টপওয়াচ বা সেকেন্ড দেখায় এমন ঘড়ি
- ফল লিখে রাখার জন্য কাগজ ও পেন্সিল
- (ঐচ্ছিক) ফানেল (বালি ঢালতে সুবিধা হবে)

ধাপ ১: বোতল প্রস্তুত করো

দুই বোতলই ভালো করে ধুয়ে পুরোপুরি শুকিয়ে নাও। লেবেল থাকলে খুলে ফেলো, যেন ভেতরের বালি পরিষ্কার দেখা যায়। একজন বড়ের সাহায্যে একটা ঢাকনার মাঝখানে পুশপিন বা পেরেক দিয়ে ছোট একটা ছিদ্র করো। এটাই হবে "গলা", যার মধ্যে দিয়ে বালি নামবে। কার্ডবোর্ড ব্যবহার করলে, বোতলের মুখের মাপের মতো একটা ছোট গোল চাকতি কেটে নিয়ে তার মাঝখানে ছিদ্র করো।

ধাপ ২: বালি দাও

একটা বোতল প্রায় এক-তৃতীয়াংশ ভরে দাও সূক্ষ্ম, শুকনো বালি দিয়ে। ফানেল থাকলে কাজটা আরও ঝকঝকে হবে। মনে রেখো: শুকনো বালি মসৃণভাবে নামে। কিন্তু বালিতে আর্দ্রতা থাকলে তা দলা বেঁধে যায়, আর সেই দলা ছিদ্র আটকে দিতে পারে!

ধাপ ৩: বালিঘড়ি জোড়া লাগাও

ছিদ্র করা ঢাকনা বা কার্ডবোর্ডের চাকতি দুই বোতলের মুখোমুখি গলার মাঝে বসাও (neck-to-neck)। তারপর খুব সাবধানে টেপ বা গ্লু দিয়ে এমনভাবে আটকাও, যাতে পাশ দিয়ে একদানা বালিও পালাতে না পারে।

এবার পুরো জিনিসটা উল্টে প্রবাহ পরীক্ষা করো। বালি যদি খুব দ্রুত নামে, ছিদ্রটা বড় হতে পারে; আর যদি প্রায় নড়েই না, ছিদ্রটা ছোট, আটকে গেছে, বা ভেতরে কিছু জমে আছে।

ধাপ ৪: তোমার বালিঘড়িকে "ক্যালিব্রেট" করো

স্টপওয়াচ দিয়ে মাপো, উপরের বোতল থেকে নিচের বোতলে সব বালি নামতে কতক্ষণ লাগে। সংখ্যাটা লিখে রাখো। এটাই তোমার বালিঘড়ির "একবারের সময়"। তুমি যদি ১ মিনিটের বালিঘড়ি চাই, তাহলে বালির পরিমাণ ঠিক করো, যতক্ষণে নামবে একদম ৬০ সেকেন্ড।

দেখো, ভাবো, লিখে রাখো

তুমি আরও বেশি বালি ব্যবহার করলে কী হয়?

বালিঘড়িটা একটু কাত করলে কী বদলায়?

আরও লম্বা সময় বা আরও কম সময় মাপার টাইমার বানাতে কীভাবে বদল আনতে পারো?

পর্যবেক্ষণগুলো লিখে রাখো। চাইলে বালিঘড়িটা সাজিয়ে নামও দিতে পারো, যেমন "আমার ৩-মিনিট টাইমার" বা "বিজ্ঞানের বালি"।

নিরাপত্তা নির্দেশনা

ধারালো জিনিস বা হট গ্লু ব্যবহার করার সময় অবশ্যই একজন বড়ের সাহায্য নাও।

হট গ্লু কখনও নজর ছাড়া রেখে দিও না।

ব্যবহার করার সময় বালিঘড়িটা সমতল, স্থির জায়গায় রাখো।

তুমি যা শিখলে

বালিঘড়ি কাজ করে মাধ্যাকর্ষণ আর একটানা প্রবাহ-এর সাহায্যে।

বালি প্রায় একই গতিতে নামতে থাকে বলে এগুলো বেশ নির্ভরযোগ্য।

নিজের হাতে বানিয়ে তুমি হয়ে গেলে মানব ইতিহাসের এক পুরোনো টাইমকিপিং-পরম্পরার অংশ, যেটা তোমাকে জুড়ে দেয় প্রাচীন উদ্ভাবক আর কৌতূহলী মনগুলোর সঙ্গে।

মোমবাতির ঘড়ির কার্যক্রম

বিদ্যুতের ঘড়ি আর ডিজিটাল ঘড়ি আসার অনেক আগে, মানুষ খুব সাদামাটা যন্ত্র দিয়ে সময় জানত। এর মধ্যে সবচেয়ে বুদ্ধিদীপ্ত আর সবচেয়ে নীরব "টাইমকিপার" ছিল মোমবাতির ঘড়ি। মোমবাতির ঘড়ি মানে, একটা শিখা ধীরে ধীরে মোম গলাতে গলাতে যতটা নামছে, সেটা দেখে সময় মাপা।

এই নির্দেশিকায় তুমি শিখবে কীভাবে মোমবাতি দিয়ে সময় মাপতে হয়, যেমন এক সময় পণ্ডিত, সন্ন্যাসী, আর পথিকরা করত, যখন পৃথিবীর আলো ছিল আগুনের আলো।

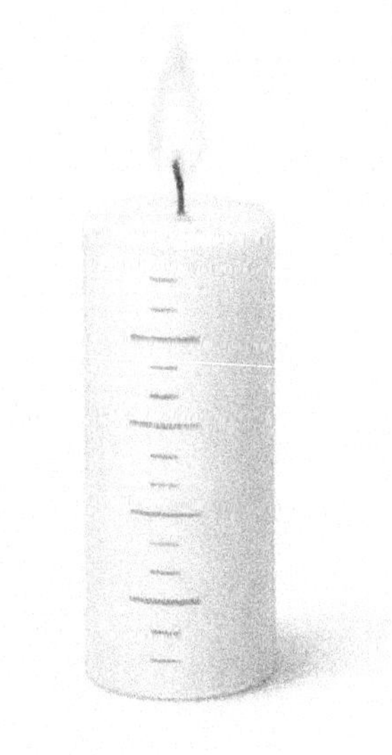

ইলাস্ট্রেশন 60: মোমবাতির ঘড়ি কার্যক্রম

যা যা লাগবে

- একটি লম্বা, সোজা মোমবাতি (ভালো হয় সুগন্ধি/ডেকোরেশন ছাড়া)
- একটি স্কেল বা মাপার ফিতা

- একটি টাইমার বা স্টপওয়াচ (প্রথমবার সেট করে নেওয়ার জন্য)
- একটি ধারালো পেন্সিল বা মার্কার
- মোমবাতি রাখার জন্য নিরাপদ, সমতল জায়গা
- একজন বড়দের সাহায্য (খুবই জরুরি! কখনও জ্বলন্ত মোমবাতি একা রেখে দেবে না! মোমবাতির ওপর ঝুঁকে পড়বে না!)

ধাপ ১: মোমবাতি মাপা

জ্বালানোর আগে স্কেল দিয়ে মোমবাতির মোট উচ্চতা মেপে নাও। এরপর সেটাকে সমান সমান অংশে ভাগ করো। যেমন, মোমবাতি যদি ১২ সেমি লম্বা হয়, তাহলে প্রতি ২ সেমি পর পর দাগ দাও। পেন্সিল বা কলম দিয়ে মোমবাতিতে ছোট ছোট দাগ টেনে নাও।

প্রতিটি দাগের পাশে চাইলে লিখে রাখতে পারো: “১০ মিনিট”, “২০ মিনিট”, “৩০ মিনিট” ইত্যাদি, তবে মোমবাতি কতক্ষণে পুড়ে ওই দাগে পৌঁছায় সেটা না জেনে সময়গুলো এখনই লিখো না।

ধাপ ২: মোমবাতি জ্বালাও এবং লক্ষ্য করো

একজন বড়কে বলো মোমবাতি জ্বালাতে সাহায্য করতে। শিখা দেখা দেওয়ার সঙ্গে সঙ্গে টাইমার চালু করো। তারপর খুব সাবধানে দেখো, শিখা ধীরে ধীরে পুড়তে পুড়তে তোমার প্রথম দাগের দিকে নামছে। মোম যখন প্রথম দাগে পৌঁছাবে, কত সময় লাগল সেটা লিখে রাখো। তারপর দ্বিতীয় দাগ, তৃতীয় দাগ, এভাবে একেকটা দাগে পৌঁছাতে যত সময় লাগে সব নোট করো। কিছুক্ষণ পরই তুমি বুঝে যাবে প্রতি অংশ পুড়তে কতক্ষণ সময় লাগে। যেমন, তুমি আবিষ্কার করতে পারো যে প্রতি ২ সেমি পুড়তে লাগে ১৫ মিনিট।

ধাপ ৩: এবার তোমার মোমবাতি দিয়ে সময় বলো!

এখন যেহেতু তুমি জানো মোমবাতি কত দ্রুত পুড়ে, তুমি এটাকে সত্যিই ঘড়ি হিসেবে ব্যবহার করতে পারো। ধরো, তোমাকে ১ ঘণ্টা মাপতে হবে, আর প্রতিটি অংশ পুড়তে লাগে ১৫ মিনিট, তাহলে ৪টা অংশ হিসেব করে দাগ দিয়ে রাখো এবং তাদের পুড়তে দেখো। প্রতিটি অংশ গলে গেলে তুমি বুঝবে কতটা সময় পার হয়েছে, মোমের গতিতে!

কিছু প্রাচীন মোমবাতির ঘড়িতে আবার মোমের ভেতরে ছোট ছোট ধাতব ভার লুকানো থাকত। মোম গলতে গলতে ভারগুলো নিচে পড়ে ধাতব পাত্রে টিং করে শব্দ করত, শব্দ শুনেই মানুষ বুঝত, নির্দিষ্ট সময় পেরিয়ে গেছে।

নিরাপত্তা মনে রাখো

- আগুন ব্যবহার করার সময় সবসময় একজন বড়কে পাশে রাখো।
- মোমবাতি দাহ্য জিনিস (বই, পর্দা, কাপড় ইত্যাদি) থেকে দূরে রাখো।

- মোমবাতি এক মিনিটের জন্যও একা জ্বালিয়ে রেখো না।
- কাজ শেষ হলে বড়দের সাহায্যে নিভিয়ে দাও।

তুমি যা শিখলে

মোমবাতি সাধারণত বেশ নিয়মিত গতিতে পুড়ে, তাই সময় মাপতে এটা কাজে লাগে। সময় মাপার জন্য শুধু স্ক্রিন আর বিদ্যুৎই নয়, প্রকৃতি আর ঐতিহ্যের সাধারণ জিনিসও আশ্চর্য কাজ করতে পারে। অন্ধকারে নীরব শিখা নাচতে নাচতে বলে যায়, সময় থামে না, শুধু এগিয়েই চলে।

এখন তুমি সেই দীর্ঘ "টাইমকিপার"দের সারিতে এসে দাঁড়ালে, যারা এক সময় মোমবাতির আলোয় মিনিট গুনে গুনে সময়কে চিনত।

জলঘড়ির কার্যক্রম

অনেক অনেক আগে, যখন ডিজিটাল ঘড়ি বা হাতঘড়ি ছিল না, মানুষ জলের নড়াচড়া দেখে সময় ধরত। এই যন্ত্রগুলোর নাম ছিল জলঘড়ি, আর প্রাচীন গ্রিক নামে ক্লেপসিড্রা, যার মানে "জল-চোর"!

জলঘড়ি টিকটিক করে না, ঘণ্টা বাজায় না। এটা সময় বলে জল ফোঁটার স্থির, শান্ত ছন্দে, যা বুঝতে লাগে মন দিয়ে দেখা আর একটু ধৈর্য। এবার তুমিও নিজের একটা জলঘড়ি বানাবে।

যা যা লাগবে

- একই মাপের দুটি প্লাস্টিক কাপ বা পাত্র (একই হলে ভালো)
- একটি পেরেক বা পুশপিন (ছোট ছিদ্র করার জন্য)
- টেপ বা আঠা
- একটি মার্কার বা কলম
- একটি মাপার কাপ
- একটি স্টপওয়াচ বা টাইমার (ঘড়ি পরীক্ষা করার জন্য)
- পানি
- একজন বড়দের সাহায্য (ছিদ্র করা আর পানি পড়ে গেলে সামলানোর জন্য)

ধাপ ১: ঘড়ি প্রস্তুত করো

একটা কাপ নাও, আর বড়দের সাহায্যে নিচের দিকে পিন বা পেরেক দিয়ে খুব ছোট একটি ছিদ্র করো। ছিদ্রটা এমন ছোট হবে যাতে পানি ধীরে ধীরে ফোঁটা ফোঁটা পড়ে, ঢেলে পড়ে না যায়। এবার ছিদ্র করা কাপটাকে টেপ বা আঠা দিয়ে দ্বিতীয় কাপের ওপর বসিয়ে দাও (দ্বিতীয় কাপটি

ইলাস্ট্রেশন 61: জলঘড়ি কার্যক্রম

পড়তে থাকা পানি ধরবে)। চাইলে ওপরের কাপটাকে নিচের কাপের ভেতরেও বসাতে পারো, শুধু খেয়াল রেখো যেন ভালোভাবে স্থির থাকে। এখন ওপরের কাপে পানি ঢালো এবং সঙ্গে সঙ্গে স্টপওয়াচ চালু করো।

ধাপ ২: জল দিয়ে সময় মাপো

পানি যখন নিচের কাপে টপটপ করে পড়তে শুরু করবে, তখন নিচের কাপে পানির উচ্চতা প্রতি এক মিনিটে একবার মার্কার দিয়ে দাগ দিয়ে রাখো। তুমি ৫ মিনিট, ১০ মিনিট, বা তারও বেশি দাগ দিতে পারো, যতক্ষণ পর্যন্ত পানি থাকে। ওপরের কাপের পানি শেষ হয়ে গেলে টাইমার বন্ধ করো এবং মোট কত সময় লাগল লিখে রাখো। অভিনন্দন, তুমি এখন তোমার জলঘড়িকে ক্যালিব্রেট করলে! মানে, তুমি তাকে সময় বলার “ক্ষমতা” দিয়ে দিলে।

ধাপ ৩: এবার জলঘড়ি ব্যবহার করো

এখন যেহেতু তুমি জানো কোন দাগে পৌঁছাতে কত সময় লাগে, আবার ওপরের কাপে পানি ভরো। নিচের কাপে পানির স্তর যত বাড়বে, তুমি দাগ দেখে বুঝবে কত সময় পার হয়েছে।

প্রতিটি দাগ হলো ঘড়ির ডায়ালের সংখ্যার মতো, একেকটা সময়-চিহ্ন। ১০ মিনিট মাপতে চাও? মিনিট-১০ এর দাগে পানি পৌঁছানো পর্যন্ত দেখো। ডিম ৩ মিনিট সেদ্ধ করতে চাও? টাইমার না চালিয়ে তৃতীয় দাগ পর্যন্ত অপেক্ষা করো!

নিরাপত্তা ও পরিষ্কার-পরিচ্ছন্নতা

জলঘড়ির নিচে সবসময় একটি ট্রে বা তোয়ালে রাখো, যাতে পানি পড়লেও সমস্যা না হয়। ইলেকট্রনিক জিনিস আর বই জলঘড়ি থেকে দূরে রাখো। কাজ শেষে পাত্রগুলো খালি করে শুকিয়ে রাখো, আর হাত ধুয়ে নাও।

তুমি যা শিখলে

জল সাধারণত বেশ নিয়মিত গতিতে প্রবাহিত হয়, ঘড়ির টিকটিকের মতোই। সেই প্রবাহটা মাপলেই তুমি স্বাভাবিকভাবে সময় ধরতে পারো। প্রাচীন মিশর, ব্যাবিলন, চীন, আর গ্রিসে মানুষ জলঘড়ি দিয়ে তাদের দৈনন্দিন কাজ আর নানা অনুষ্ঠান পরিচালনা করত। এখন তুমি এক দীর্ঘ ইতিহাসের অংশ, আকাশ-দেখা মানুষদের আর জল-দেখা মানুষদের ইতিহাস। যারা দিনের ছন্দ মাপত ডিজিটাল বীপে নয়, বরং পৃথিবীর নিজের নীরব, টপটপ ছন্দে।

সময়কে তুমি কীভাবে অনুভব করো, তা খুঁজে দেখো

তুমি একটা সহজ পরীক্ষা করে দেখতে পারো, তুমি কী করছ, তার ওপর নির্ভর করে তোমার মস্তিষ্ক সময়কে একেকভাবে "অনুভব" করে!

যা যা লাগবে

- সেকেন্ডের কাঁটা আছে এমন ঘড়ি / টাইমার / স্টপওয়াচ
- একটি নোটবুক আর পেন্সিল

ধাপ ১: চুপচাপ বসে থাকা

এমন একটা শান্ত জায়গা খুঁজে নাও, যেখানে তোমাকে কেউ বিরক্ত করবে না।

স্টপওয়াচ চালু করো, অথবা ঘড়ির সেকেন্ডের কাঁটার দিকে একবার তাকাও।

এবার আবার ঘড়ি না দেখে আর একও একও করে গোনা ছাড়া, একদম স্থির হয়ে বসে থাকো এবং মনে মনে আন্দাজ করো, কখন এক মিনিট পার হলো।

তোমার মনে হলে এক মিনিট শেষ, তখন টাইমার বন্ধ করো বা ঘড়ি দেখে নাও।

তোমার আন্দাজটা সত্যি সময়ের থেকে কতটা কাছে ছিল, সেটা লিখে রাখো।

ধাপ ২: মজার কিছু করা

এবার এমন একটা কাজ বেছে নাও, যেটা তুমি করতে ভালোবাসো, যেমন আঁকা, ছোট একটা গেম খেলা, বা প্রিয় গান শোনা।

আবার টাইমার চালু করো এবং কাজটা করতে থাকো, ঘড়ির দিকে তাকাবে না।

তোমার মনে হলে এক মিনিট পার হয়েছে, থামো আর সময় দেখে নাও।

এবারও লিখে রাখো, তুমি কতটা ঠিক আন্দাজ করতে পেরেছ।

ধাপ ৩: ফলাফল মিলিয়ে দেখো

এক মিনিট আন্দাজ করা কি বেশি সহজ ছিল, যখন তুমি বোর হচ্ছিলে, নাকি যখন মজা করছিলে?

তুমি যা করছিলে, তার ওপর নির্ভর করে সময় কি লম্বা মনে হলো, নাকি ছোট?

এই কাজটা তোমাকে কী শেখায়

এই সহজ পরীক্ষাই দেখায়, তোমার মনোযোগ আর মনের অবস্থা বদলালে, তোমার মস্তিষ্ক সময়কেও আলাদা ভাবে মাপে।

যখন তুমি বিরক্ত থাকো, সময় অনেক সময় ধীরে চলে বলে মনে হয়, এক মিনিটও যেন "অনেক বড়" লাগে।

আর যখন তুমি ব্যস্ত এবং আনন্দে থাকো, মনে হয় এক মিনিট ঝট করে উড়ে গেল!

ঘড়ি অবশ্য একটার পর একটা সেকেন্ড নিয়ম করে এগোয়, কিন্তু সময়কে তুমি যেভাবে অনুভব করো, সেটা টানটান করে লম্বাও হতে পারে, আবার চুপচাপ ছোটও হয়ে যেতে পারে, ঠিক যেন বিজ্ঞানীরা নানা পরীক্ষায় দেখেছেন।

সৃজনশীল কাজ

সময় আঁকো

কী করবে:

প্রশ্ন করো: "যদি সময়কে দেখা যেত, দেখতে কেমন হতো?"

আঁকো: নদী, পাকানো ঘূর্ণি, ঘড়ি, গ্যালাক্সি, যা দেখলে তোমার সময়ের কথা মনে হয়।

নতুন ঘড়ি বানাও

কী করবে: প্রকৃতির ছন্দ দিয়ে নিজের টাইম-যন্ত্র বানাও (চোখ পলক ফেলা, টিপটিপ করে পড়া পানি, ঝরে পড়া বালি ইত্যাদি)।

টাইম ক্যাপসুল

কী করবে: ছোট জিনিস বা নোট জোগাড় করে একটা বাক্সে সিল করে রাখো, ভবিষ্যতের একদিন খুলবে বলে।

"ঘড়ি ছাড়া" একদিন

কী করবে: ঘড়ি না দেখে একটা সময়সূচি মেনে চলার চেষ্টা করো। সূর্য, ছায়া, খিদে, এগুলো দেখে আন্দাজ করো এখন দিনটার কোন সময়।

পরিশিষ্ট

সময়ের পরিমাপ		
পরিমাপের একক	**সংজ্ঞা**	**ব্যবহার**
ন্যানোসেকেন্ড	১ ns = ১০^{-9} s ১ লক্ষ ns = ১ s	পরমাণু-স্তরের ঘটনাগুলোর সময়-ব্যবধান বোঝাতে ন্যানোসেকেন্ড প্রায়ই ব্যবহার হয়।
মিলিসেকেন্ড	১ ms = ১০^{-3} ds ১০০০ ms = ১ s	খুব অল্প সময়ের ঘটনা মাপতে, যেমন কম্পিউটারের নির্দেশ চালানোর একেকটা সাইকেল, মিলিসেকেন্ড ব্যবহার হয়।
সেকেন্ড	১০০০ ms = ১ s ৬০ s = ১ min	সেকেন্ড হলো সময় পরিমাপের মানক একক।
মিনিট	৬০ s = ১ min ৬০ min = ১ hour	ছোট দৈনন্দিন সময়ের কথা বলতে মিনিট ব্যবহার হয়, যেমন, "আর পাঁচ মিনিটে পৌঁছচ্ছি!
ঘণ্টা	৬০ min = ১ hr ৩৬০০ s = ১ hr ২৪ hr = ১ day	ঘণ্টার দুটো সংজ্ঞা আছে, যেগুলো একদম হুবহু একই নয়। ১ ঘণ্টা = ৩৬০০ সেকেন্ড এবং ২৪ ঘণ্টা = ১ দিন। কিন্তু পৃথিবীর ঘূর্ণনে সামান্য ওঠানামা হয় বলে "একদিন" সবসময় সমান দৈর্ঘ্যের হয় না। তাই কখনও সেকেন্ডকে ভিত্তি ধরে ঘণ্টা ধরা হয়, কখনও দিনকে ভিত্তি ধরে।
কোয়ার্টার-আওয়ার (পনেরো মিনিট)	১ কোয়ার্টার-আওয়ার = ১৫ মিনিট ৪ কোয়ার্টার-আওয়ার = ১ ঘণ্টা	দিনের সময় আন্দাজ করে বলতে খুব কাজে লাগে, যেমন "চারটা বাজতে পৌনে" মানে ৪টার ১৫ মিনিট আগে, অর্থাৎ ৩:৪৫।
হাফ-আওয়ার (আধঘণ্টা)	১ হাফ-আওয়ার = ৩০ মিনিট ২ হাফ-আওয়ার = ১ ঘণ্টা	সময় আন্দাজ করে বলতে ব্যবহৃত হয়, যেমন "সাড়ে সাতটা" মানে সাতটার ৩০ মিনিট পরে, অর্থাৎ ৭:৩০।

সময়ের পরিমাপ

পরিমাপের একক	সংজ্ঞা	ব্যবহার
দিন	১ দিন = ২৪ ঘণ্টা ৭ দিন = ১ সপ্তাহ	১ দিন হলো পৃথিবী নিজের অক্ষে একবার ঘুরতে যে সময় লাগে। যেহেতু এই ঘূর্ণন সামান্য বদলায়, তাই সেকেন্ডে একে পুরোপুরি নিখুঁতভাবে স্থির করে বলা যায় না।
সপ্তাহ	১ সপ্তাহ = ৭ দিন ৪.৩ সপ্তাহ ≈ ১ মাস ৫২ সপ্তাহ ≈ ১ বছর	সপ্তাহ মানে ৭ দিন। এর ধারণা ইহুদি সংস্কৃতি থেকে এসেছে, বাইবেলের জেনেসিস গ্রন্থে যেমন বলা আছে। এখন সারা বিশ্বেই সপ্তাহকে ৭ দিনের একক হিসেবেই ধরা হয়।
ফোর্টনাইট	২ সপ্তাহ = ১ ফোর্টনাইট	ফোর্টনাইট হলো পুরোনো সময়ের একক, যার মানে দুই সপ্তাহ। এখন খুব কমই ব্যবহার হয়।
মাস	১ মাস = ২৮/২৯/৩০/৩১ দিন ১২ মাস = ১ বছর	মাস হলো মানুষের বানানো একক, দিন আর বছরের মাঝখানে সময়কে সুবিধেমতো ভাগ করার জন্য। এখন বেশিরভাগ মানুষ গ্রেগরিয়ান ক্যালেন্ডার ব্যবহার করে, যেখানে মাসগুলোর দৈর্ঘ্য এমন: জানুয়ারি ৩১, ফেব্রুয়ারি ২৮ বা ২৯, মার্চ ৩১, এপ্রিল ৩০, মে ৩১, জুন ৩০, জুলাই ৩১, আগস্ট ৩১, সেপ্টেম্বর ৩০, অক্টোবর ৩১, নভেম্বর ৩০, ডিসেম্বর ৩১।

সময়ের পরিমাপ

পরিমাপের একক	সংজ্ঞা	ব্যবহার
বছর	১ বছর ≈ ৩৬৫ ১/৪ দিন ১ বছর = ১২ মাস ১০ বছর = ১ দশক ১০০ বছর = ১ শতাব্দী	১ বছর হলো পৃথিবী সূর্যকে একবার পরিক্রমা করতে যে সময় লাগে। অন্য গ্রহগুলোর মহাকর্ষীয় টানাটানির কারণে এই সময় সামান্য বদলাতে পারে, তাই সেকেন্ডে একে একদম নিখুঁতভাবে বলা যায় না। Coordinated Universal Time (UTC)-এ বিজ্ঞানীরা কখনও কখনও বছরে বিভিন্ন দিনের সঙ্গে সেকেন্ড যোগ বা বিয়োগ করেন, যাতে ঘড়ির সময় পৃথিবীর আসল কক্ষপথের সঙ্গে মিলিয়ে থাকে।
দশক	১০ বছর = ১ দশক ১০ দশক = ১ শতাব্দী	দশক মানে যে কোনো ১০ বছরের সময়ও হতে পারে, কিন্তু অনেক সময় "দশক" বলতে বোঝায় সেই ১০ বছর, যা শুরু হয় এমন বছরে যার শেষে ০ থাকে, যেমন ২০১০ সালের ১ জানুয়ারি থেকে।
শতাব্দী	১০০ বছর = ১ শতাব্দী ১০ শতাব্দী = ১ সহস্রাব্দ	শতাব্দী মানে যে কোনো ১০০ বছরের সময়ও হতে পারে, কিন্তু প্রায়ই বোঝায় এমন ১০০ বছর, যা শুরু হয় এমন বছরে যার শেষে দুইটা ০ থাকে, যেমন ২০০০ সালের ১ জানুয়ারি থেকে।
সহস্রাব্দ	১০০০ বছর = ১ সহস্রাব্দ \n১০ শতাব্দী = ১ সহস্রাব্দ	সহস্রাব্দ মানে যে কোনো ১০০০ বছরের সময়ও হতে পারে, কিন্তু প্রায়ই বোঝায় এমন ১০০০ বছর, যা শুরু হয় এমন বছরে যার শেষে তিনটা ০ থাকে, যেমন ২০০০ সালের ১ জানুয়ারি থেকে।

সময় নিয়ে কিছু উক্তি

- *"সময়ে একটা সেলাই দিলে, পরে নয়টা বাঁচে।" , লোককথা, ১৮শ শতকের ইংল্যান্ড।*
- "রাতে তাড়াতাড়ি ঘুম, সকালে তাড়াতাড়ি ওঠা, মানুষকে সুস্থ, ধনী আর জ্ঞানী করে।" , বেঞ্জামিন ফ্র্যাঙ্কলিন, *Poor Richard's Almanac* (১৭৪৮)।
- "সময়ই টাকা।" , বেঞ্জামিন ফ্র্যাঙ্কলিন।
- "সময় সব ক্ষত সারিয়ে দেয়।" , রোমান কবি টেরেন্স (প্রায় ১৮০ খ্রিষ্টপূর্ব)।
- "সময় আর জোয়ার, কারও জন্য অপেক্ষা করে না।" , লোককথা, ১২২৫ খ্রিষ্টাব্দ বা তারও আগে।
- "এক মিনিট দেরি হওয়ার চেয়ে তিন ঘণ্টা আগে পৌঁছানো ভালো।" , উইলিয়াম শেক্সপিয়ার, *The Merry Wives of Windsor* (প্রায় ১৫৯৭)।
- "সবচেয়ে জ্ঞানী উপদেষ্টা হলো সময়।" , পেরিক্লিস, প্রাচীন গ্রিক রাষ্ট্রনায়ক (প্রায় ৪৯৫–৪২৯ খ্রিষ্টপূর্ব)।
- "খবরটা খারাপ, সময় উড়ে যায়। খবরটা ভালো, পাইলট কিন্তু তুমি।" , মাইকেল অল্টশুলার, আমেরিকান মোটিভেশনাল স্পিকার।
- "সবাই বলে সময় নাকি সব বদলে দেয়, কিন্তু আসলে বদলটা তোমাকেই করতে হয়।" , অ্যান্ডি ওয়ারহল, *The Philosophy of Andy Warhol* (১৯৭৫)।
- "হারিয়ে যাওয়া সময় আর কখনও ফিরে পাওয়া যায় না।" , বেঞ্জামিন ফ্র্যাঙ্কলিন, *Poor Richard's Almanack* (১৭৪৮)।
- "সময় আমাদের মাথার ওপর দিয়ে উড়ে যায়, কিন্তু পিছনে রেখে যায় তার ছায়া।" , ন্যাথানিয়েল হথর্ন।
- "আমাদের সময়কে সৃজনশীলভাবে ব্যবহার করতে হবে, কারণ সঠিক কাজ করার জন্য সময় সবসময়ই পাকা।" , মার্টিন লুথার কিং জুনিয়র, *Letter from Birmingham Jail* (১৯৬৩)।
- "সময়, সবকিছু গিলে ফেলা এক ভক্ষক।" , ওভিড, *Metamorphoses* (প্রায় ৮ খ্রিষ্টাব্দ)।
- "সময় হলো দুই জায়গার মধ্যে সবচেয়ে লম্বা দূরত্ব।" , টেনেসি উইলিয়ামস, *The Glass Menagerie* (১৯৪৪)।
- "যে সময়টা তুমি আনন্দ করে 'নষ্ট' করো, সেটা আসলে নষ্ট নয়।" , মার্ত ব্রলি-কুর্টিন, *Phrynette Married* (১৯১২)।

- “দুই সবচেয়ে শক্তিশালী যোদ্ধা হলো ধৈর্য আর সময়।” , লিও তলস্তয়, *War and Peace* (১৮৬৯)।
- “আমরা সবচেয়ে বেশি চাই সময়, কিন্তু সবচেয়ে খারাপভাবে ব্যবহার করি সেটাই।” , উইলিয়াম পেন, *Some Fruits of Solitude* (১৬৮২)।
- “মানুষ যে সবচেয়ে দামী জিনিস খরচ করতে পারে, তা হলো সময়।” , থিওফ্রাস্টাস, গ্রিক দার্শনিক (প্রায় ৩৭১–২৮৭ খ্রিষ্টপূর্ব)।
- “সময় একটা মায়া।” , আলবার্ট আইনস্টাইন (সাধারণভাবে তাঁর নামে প্রচলিত)।
- “সময় সবকিছু নিয়ে নেয়, তুমি চাইলে বা না চাইলে।” , স্টিফেন কিং।
- “ভবিষ্যৎ এমন একটা জিনিস, যেখানে সবাই পৌঁছে যায়, ঘণ্টায় ষাট মিনিট গতিতে, সে যা-ই করুক, যে-ই হোক।” , সি. এস. লুইস, *The Screwtape Letters* (১৯৪২)।
- “সময় হলো সেই স্কুল যেখানে আমরা শিখি; সময় হলো সেই আগুন যেখানে আমরা পুড়ি।” , ডেলমোর শোয়ার্টজ, *Calmly We Walk Through This April's Day* (১৯৩৮)।
- “তুমি যত ‘কিছুই না’ করতে চাও, তার জন্য সময় কখনওই যথেষ্ট মনে হয় না।” , বিল ওয়াটারসন, *Calvin and Hobbes*।

সময় নিয়ে ধাঁধা

- **ধাঁধা:** সকালে চার পায়ে হাঁটে, দুপুরে দুই পায়ে, আর রাতে তিন পায়ে, সে কে?
  উত্তর: মানুষ। (স্ফিংক্সের ধাঁধা)
- **ধাঁধা:** সবসময় সামনে, কখনও পেছনে নয়।
  সবসময় আছে, কখনও কমে না।
  ভালো কাজে বা খারাপ কাজে, আমাকে খরচ করো।
  আমি গেলে, একদম চিরতরে গেলাম।
  আমি কে?
  উত্তর: সময়।
- **ধাঁধা:** এই জিনিস সবকিছু গিলে খায়,
  পাখি, পশু, গাছ, ফুল;
  লোহা কুটকুট করে, ইস্পাতে দাঁত বসায়;
  শক্ত পাথরও গুঁড়ো করে ফেলে;
  রাজাকে মারে, শহর ধ্বংস করে,
  আর উঁচু পাহাড়ও নিচু করে দেয়।
  উত্তর: সময়।[1]

---

1 J. R. R. Tolkien. *The Hobbit.*

- **ধাঁধা:** একবার জিজ্ঞেস করলে তুমি বলো "তিনটা", আবার জিজ্ঞেস করলে "সাড়ে তিনটা"। প্রতিবারই তুমি সত্যি বলেছ, তবু সময় বদলে গেল, এটা কীভাবে হয়? **উত্তর:** দিনভর সময় বদলায়।
- **ধাঁধা:** আমি কখনও ছিলাম না, কিন্তু সবসময় হব। কেউ আমাকে দেখেনি, দেখবেও না। তবু পৃথিবীতে যারা বাঁচে-শ্বাস নেয়, সবারই ভরসা আমি। আমি কে?
উত্তর: আগামীকাল।
- **ধাঁধা:** আমি মিনিটে একবার আসি, একশ বছরে একবারও না, সেকেন্ডে কখনও না, ঘণ্টায় কখনও না, আর "মুহূর্ত"-এ দু'বার। আমি কে?
উত্তর: "ম" অক্ষর (M)।
- **ধাঁধা:** আমার কণ্ঠ নেই, তবু আমি তোমার সঙ্গে কথা বলি। আমি যা যা দেখেছি, সব বলে দিই। আমার মুখ নেই, তবু আমি গান গাই। আমি কে?
উত্তর: সময়।
- **ধাঁধা:** আমি সামনে দৌড়াই, পেছনে তাকাই না, সবসময় চলি, একটুও আলসেমি নেই। আমি কে?
উত্তর: সময়।
- **ধাঁধা:** আমি লম্বাও হতে পারি, ছোটও হতে পারি; আমাকে কেনা যায়, কিন্তু বিক্রি করা যায় না; আমাকে নষ্টও করা যায়, আবার যত্নেও রাখা যায়। আমি কে?
উত্তর: সময়।
- **ধাঁধা:** সৃষ্টির মতোই পুরোনো, নিশ্বাসের মতো ক্ষণস্থায়ী, মুহূর্তে মাপা যায়, তবু আমি কখনও মরি না। আমি কে?
উত্তর: সময়। **উত্তর:** সময়।

সময় নিয়ে কৌতুক

- **প্রশ্ন:** একটা হাতি যদি তোমার ঘড়ির ওপর বসে পড়ে, তখন কত বাজে?
উত্তর: নতুন ঘড়ি কেনার সময়।
- **প্রশ্ন:** একটা হাতি যদি তোমাকে "মা" বলে ডাকে, তখন কত বাজে?
উত্তর: মনোরোগ বিশেষজ্ঞের কাছে যাওয়ার সময়।
- **প্রশ্ন:** একটা হাতি যদি তোমার কোলে বসে পড়ে, তাহলে কতটা দেরি?
উত্তর: তখন আর দেরি নয়, **তখন অনেক দেরি হয়ে গেছে!**
- **প্রশ্ন:** একটা হাতি মারা গেলে তখন কত বাজে?
উত্তর: নতুন হাতি নেওয়ার সময়।

- **প্রশ্ন:** একটা ঘড়ি কাঁটা (ওয়াইন্ড) দিতে কতগুলো হাতি লাগে?
উত্তর: আরে ধুর! হাতিরা তো ঘড়ি কাঁটা দিতে পারে না, তাদের বিপরীতমুখী বুড়ো আঙুল নেই!
- **প্রশ্ন:** ঘড়ি যদি ১৩টা বাজায়, তখন কত বাজে?
উত্তর: নতুন ঘড়ি কেনার সময়!
- **প্রশ্ন:** এক সেকেন্ডের কাঁটা আরেক সেকেন্ডের কাঁটাকে কী বলল?
উত্তর: "চিন্তা কোরো না, শেষে আমরা ঘুরে ঠিকই এসে পড়ব!"
- **প্রশ্ন:** ক্যালেন্ডাররা কখনও ক্লান্ত হয় না কেন?
উত্তর: কারণ তারা সবসময় "একদিন করে"ই নেয়!
- **প্রশ্ন:** ঘড়িটা এত লাজুক ছিল কেন?
উত্তর: ওর হাত দুটো সবসময় মুখ ঢেকে রাখত!
- আমি পুরোনো ঘড়ি দিয়ে একটা বেল্ট বানাতে চেয়েছিলাম। কিন্তু সেটা পুরোই **কোমরের (waist) সময়-নষ্ট (waste of time)** হয়ে গেল!
- **প্রশ্ন:** জন ছিল হাতির শুধু অর্ধেক, সামনের অর্ধেক। ভাইবোন জ্যারেড, জ্যানি, আর জিহোশাফাটের সঙ্গে তাল মিলিয়ে চলতে তার খুব কষ্ট হতো। একদিন তারা পাহাড়ের চূড়ায় খেলছিল, এমন সময় তুষার পড়ল। জন বুঝল, এটাই তার বড় সুযোগ! সে অপেক্ষা করল, ভাইবোনরা ঢাল বেয়ে নামতে শুরু করল। তারপর জ্যারেড বরফে পিছলে পড়ে সোঁ সোঁ করে সবার পাশ কাটিয়ে এগিয়ে গেল। তখন কত বাজে?
উত্তর: সাড়ে তিনটা।
- একটা হাতি কাউকে জিজ্ঞেস করল, "ক'টা বাজে?" লোকটা বলল, "৪:৪৫।" হাতিটা কপালে ভাঁজ ফেলে বলল,
"অদ্ভুত ব্যাপার জানো, সারাদিন ধরে একই প্রশ্ন করছি, আর প্রত্যেকবারই আলাদা উত্তর পাচ্ছি!"
- **১ম রোমান সৈনিক:** ক'টা বাজে?
২য় রোমান সৈনিক: VII-এর XX পরে।
(মানে, সাতটার পরে বিশ, রোমান স্টাইল!)
- যার কাছে **একটা** ঘড়ি আছে, সে জানে কত বাজে।
আর যার কাছে **দুটো** ঘড়ি আছে… সে কখনও নিশ্চিত হতে পারে না!
- এক লোক পাড়ার মধ্যে হাঁটতে হাঁটতে হঠাৎ মনে করল তার খুব জরুরি একটা মিটিং আছে। সমস্যা হলো, তার ঘড়ি বন্ধ, তাই সে বুঝতে পারছে না দেরি হচ্ছে কি না। তখন সে দেখল, একজন লোক ফুলের বাগানে মাটি খুঁড়ছে।
লোকটা ডেকে বলল, "মাফ করবেন, আপনার কাছে সময় আছে?"

মালী বলল, "এক মুহূর্ত!" তারপর সে মাটিতে শুয়ে পড়ে ব্যাগ থেকে একটা ছোট লাঠি বের করল। লাঠিটা মাটিতে গেঁথে, কার্পেন্টারের লেভেল দিয়ে দেখে নিল লাঠি একদম খাড়া। কম্পাস দিয়ে উত্তর দিক ঠিক করল, স্টিলের স্কেল দিয়ে লাঠির ছায়ার দৈর্ঘ্য মাপল। তারপর পকেট থেকে স্লাইড রুল বের করে ঝড়ের গতিতে হিসাব করল, সব গুছিয়ে লোকটার দিকে ফিরে বলল,

"এখন ঠিক **বিকেল ৩:২৯**, যদি আজ **১৬ই আগস্ট** হয়, যা আমার বেশ মনে হচ্ছে।"

লোকটা এত কাণ্ড দেখে মুগ্ধ হয়ে নিজের ঘড়ি ঠিক করে নিল। যাওয়ার আগে বলল, "অবিশ্বাস্য! কিন্তু মেঘলা দিনে বা রাতে যখন ছায়াই পড়ে না, তখন কী করেন?"

মালী নিজের কবজি তুলে বলল, "তখন বোধহয়... ঘড়িটাই দেখে নিই!"

শব্দার্থ

অক্ষ , কোনো বস্তুর ভেতর দিয়ে গেলেও দেখা যায় না এমন এক "কাল্পনিক রেখা", যার চারপাশে সেটা ঘোরে।

অডবল এফেক্ট , হঠাৎ চমকে দেওয়া কিছু ঘটলে সময় ধীরে যাচ্ছে বলে মনে হওয়া।

অণুবীক্ষণিক/অতি ক্ষুদ্র , খালি চোখে দেখা যায় না, খুব ছোট।

অতীত , যা ইতিমধ্যে ঘটে গেছে।

অধিবর্ষের অতিরিক্ত দিন , ক্যালেন্ডারকে পৃথিবীর পরিক্রমার সাথে মিল রাখতে যোগ করা অতিরিক্ত দিন।

অনমনীয়/কঠিন , কড়া, সহজে বাঁকে না।

অনিশ্চিত , নিশ্চিত নয়।

অনুধাবন করা , ইন্দ্রিয় দিয়ে টের পাওয়া/বোঝা।

অনুভূতি/ধারণা , মস্তিষ্ক যেভাবে দেখা-শোনা-টের পাওয়া জিনিসের অর্থ বোঝে।

অনুমান/হাইপোথিসিস , প্রস্তাবিত, কিন্তু প্রমাণিত নয় এমন ধারণা।

অবস্থান , কোথায় আছে।

অবস্থান/স্থানাঙ্ক , কোথায় আছে।

অবিচ্ছিন্ন নয় , মাঝখানে ফাঁক/গ্যাপ আছে।

অবিরাম/ধারাবাহিক , থেমে থেমে নয়; চলতেই থাকে।

অয়ন/অয়নান্ত , বছরের সবচেয়ে বড় দিন বা সবচেয়ে ছোট দিন।

অর্ধগোলার্ধ , গোলকের অর্ধেক অংশ।

অসীম , শুরু বা শেষ নেই।

অস্তিত্ব , বাস্তব/জীবিত থাকার অবস্থা।

আনুমানিক , কাছাকাছি, কিন্তু একদম ঠিক নয়।

আন্তর্জাতিক পরমাণু সময় , প্রায় ৪০০টি খুব নিখুঁত পরমাণু ঘড়ির যৌথ ফল ব্যবহার করা সময়-স্কেল।

আপেক্ষিক , পরিস্থিতি বদলালে মানেও বদলাতে পারে।
আপেক্ষিকতা , স্থান-কাল কীভাবে একসাথে কাজ করে, বিশেষ করে দ্রুত গতি বা বড় ভরের কাছে।
আপেক্ষিকতার বিশেষ তত্ত্ব , খুব দ্রুত গতিতে সময়-স্থান কীভাবে বদলে যায়, আইনস্টাইনের তত্ত্ব।
আপেক্ষিকতার সাধারণ তত্ত্ব , আইনস্টাইনের ধারণা: মাধ্যাকর্ষণ আর সময়/স্থান একে অন্যের সঙ্গে জড়িত।
আবিষ্কার করা , নতুন করে খুঁজে জানা।
উত্তর মেরু , পৃথিবীর অক্ষের ওপরের প্রান্তবিন্দু।
উপগ্রহ , পৃথিবী বা অন্য গ্রহকে কক্ষপথে ঘোরে এমন যন্ত্র/বস্তু।
উল্টো করা/পেছনে যাওয়া , পিছনের দিকে ফেরা।
উষ্মাগতি বিজ্ঞান , তাপ ও গতি/শক্তির চলাচল নিয়ে বিজ্ঞান।
উষ্মাগতিকির দ্বিতীয় সূত্র , সবকিছু সাধারণত বেশি বিশৃঙ্খলার দিকে যায়।
ঋতু , শীত, বসন্ত, গ্রীষ্ম, শরৎ।
একক , একটি পরিমাপের "একটা" ধাপ।
একমুখী , শুধু এক দিকেই চলে।
এনট্রপি , ধীরে ধীরে বিশৃঙ্খলা ও ক্ষয়ের দিকে যাওয়ার প্রবণতা।
এস্কেপমেন্ট , ঘড়ির অংশ যা গিয়ারগুলোর চলা নিয়ন্ত্রণ করে।
ঐতিহ্য , প্রজন্ম থেকে প্রজন্মে এসে পৌঁছানো রীতি/ধারণা।
ওজন/ভার , মাধ্যাকর্ষণ কোনো বস্তুকে যতটা টানে।
কক্ষপথ/পরিক্রমা , বৃত্ত বা উপবৃত্ত পথে কোনো কিছুকে ঘিরে ঘোরা; সেই পথটাও "কক্ষপথ"।
কণা , পদার্থের ছোট অংশ।
কম্পন , কম্পিত হওয়ার কাজ/ঘটনা।
কম্পাস , পৃথিবীর চৌম্বক ক্ষেত্র ব্যবহার করে দিক দেখায় এমন যন্ত্র।
কম্পিত হওয়া , সামনে-পেছনে কাঁপা/নড়া।
কারণ , যা থেকে অন্য কিছু ঘটে।
কারণ ও ফল , এক জিনিস অন্য জিনিস ঘটায়, এই সম্পর্ক।
কাল্পনিক সংখ্যা , গণিতে ব্যবহৃত সংখ্যা, যেমন $\sqrt{(-1)} = i$।
কাল্পনিক সময় , কিছু ঘটনাকে বোঝাতে কাল্পনিক সংখ্যার সাহায্যে বর্ণিত "সময়"।
কাল্পনিক/অনুমানভিত্তিক , কল্পনা করা, এখনও প্রমাণিত নয়।
কিছুই নয় , একটাও না।
কৃমিগহ্বর , স্থান বা সময়ের ভেতর দিয়ে "সুড়ঙ্গ" থাকতে পারে, এমন তত্ত্ব।
কৃষ্ণগহ্বর , এত ভরবিশিষ্ট বস্তু যে আলোও তার মাধ্যাকর্ষণ ছেড়ে বেরোতে পারে না।
কেন্দ্রক , পরমাণুর কেন্দ্র; প্রোটন ও নিউট্রন থাকে এখানে।
কোয়ান্টাম , পদার্থ-শক্তির সবচেয়ে ক্ষুদ্র স্তর সম্পর্কিত।
কোয়ান্টাম কণা , পদার্থ/শক্তির সবচেয়ে ক্ষুদ্র কণা।

কোয়ান্টাম জগৎ , কণা আর তরঙ্গের ছোট্ট, অদ্‌ভুত জগৎ।
কোয়ান্টাম পদার্থবিদ্যা , ক্ষুদ্রতম স্তরের মহাবিশ্ব নিয়ে বিজ্ঞান।
কোয়ান্টাম বলবিদ্যা , অতি ক্ষুদ্র জিনিস কীভাবে আচরণ করে, তার নিয়ম।
কোয়ান্টাম সময় , খুব ক্ষুদ্র স্কেলে সময়ের অদ্‌ভুত আচরণ।
কোয়ার্টজ , বিদ্যুৎ দিলে কম্পিত হয় এমন এক ধরনের স্ফটিক।
কোয়ার্টজ ঘড়ি , কোয়ার্টজ স্ফটিকের কম্পন দিয়ে সময় রাখে।
ক্যালিব্রেট/খুব নিখুঁতভাবে ঠিক করা , মাপজোকের যন্ত্রকে নির্ভুল করতে সূক্ষ্মভাবে সমন্বয় করা।
ক্রম , একের পর এক সাজানোর/ঘটার ধারা।
ক্রোনোস্ট্যাসিস , ঘড়ির সেকেন্ডের কাঁটা যেন এক মুহূর্ত "থেমে" আছে বলে মনে হওয়া।
ক্লেপসিড্রা/জলঘড়ি , জল ফোঁটা/জলপ্রবাহ দিয়ে সময় বলার ঘড়ি।
ক্ষয়/ভেঙে পড়া , ছোট ছোট অংশে ভেঙে যাওয়া, বা ধ্বংসের দিকে যাওয়া।
খ্রিষ্টপূর্ব , বর্তমান যুগের আগে, ১ খ্রিষ্টাব্দের আগের সময়।
গড় , গড় মান।
গড় সৌরদিন , বছরে বিভিন্ন দিনের দৈর্ঘ্যের গড়।
গনোমন , সূর্যঘড়ির যে অংশ ছায়া ফেলে।
গিয়ার/দন্তচাকা , দাঁতওয়ালা চাকা, অন্য গিয়ারের সঙ্গে কাজ করে নড়াচড়া তৈরি করে।
গ্যালাক্সি/ছায়াপথ , অসংখ্য তারকার বিশাল সমষ্টি, যা এক কেন্দ্রকে ঘিরে ঘোরে।
গ্রীষ্ম , বছরের সবচেয়ে উষ্ণ ঋতু।
গ্রীষ্ম অয়নান্ত , বছরের সবচেয়ে বড় দিন।
গ্রেগরিয়ান ক্যালেন্ডার , আজ আমরা যে ক্যালেন্ডার ব্যবহার করি।
গ্লোবাল পজিশনিং সিস্টেম , উপগ্রহগুলো ব্যবহার করে আমরা কোথায় আছি তা জানায়।
ঘটনা , যা ঘটে।
ঘটা , ঘটতে থাকা/ঘটে যাওয়া।
ঘড়ি , সময় দেখায়/চিহ্নিত করে এমন যন্ত্র।
ঘণ্টা , ৬০ মিনিট; এক দিনের ১/২৪ অংশ।
ঘন , কম জায়গায় খুব বেশি পদার্থ ঠাসা।
ঘনত্ব , নির্দিষ্ট জায়গায় কতটা পদার্থ ঠাসা আছে।
ঘূর্ণন , কেন্দ্রের চারপাশে ঘোরা।
চক্র , ঘটনা/ধাপের এমন ধারা যা শেষ হলে আবার শুরু হয়।
চক্রাকার , একই ধাঁচে বারবার ঘটে' চক্রে চক্রে ঘটে।
চক্রাকার সময় , সময় সোজা পথে নয়; লুপ করে আবার পুনরাবৃত্ত হয়, এই ধারণা।
চন্দ্র পঞ্জিকা , চাঁদের কলার উপর ভিত্তি করে ক্যালেন্ডার।
চন্দ্রমাস , এক অমাবস্যা থেকে পরের অমাবস্যা পর্যন্ত সময়।

চাপ দিয়ে গুটিয়ে/সঙ্কুচিত করা , ঠেলে-চেপে ছোট করে ফেলা।
ছন্দ , বারবার ফিরে আসে এমন নিয়মিত প্যাটার্ন।
জটিল , সহজ নয়।
জড়তা/এনট্যাঙ্গলমেন্ট , কণাগুলো দূরে গেলেও একে অন্যের সঙ্গে "জোড়া" থেকে যায়, এমন কোয়ান্টাম ঘটনা।
জমে যাওয়া/থেমে যাওয়া , চলা বন্ধ।
জলঘড়ি , জল ফোঁটা বা জলপ্রবাহ দিয়ে সময় বলে এমন ঘড়ি।
জুলিয়ান ক্যালেন্ডার , জুলিয়াস সিজার তৈরি করা পুরোনো ক্যালেন্ডার।
জ্যোতির্বিজ্ঞানী , তারকা, গ্রহ, গ্যালাক্সি নিয়ে যিনি বিজ্ঞানভিত্তিক গবেষণা করেন।
ঝংকার/ঘণ্টাধ্বনি , ঘণ্টা বা ঘড়ির বাজনার শব্দ।
টানা/প্রসারিত করা , লম্বা করে তোলা।
তত্ত্ব , প্রমাণিত ও ব্যাপকভাবে স্বীকৃত ব্যাখ্যা।
তাপমৃত্যু , মহাবিশ্বের সম্ভাব্য এক পরিণতি, যেখানে তারকেরা নিভে যায় এবং শক্তি "সমানভাবে ছড়িয়ে" স্থির হয়ে যায়।
ত্রিভুজীকরণ , অন্য বস্তু/বিন্দু ব্যবহার করে নিজের অবস্থান বের করার পদ্ধতি।
দশক , দশ বছর।
দশমিক সংখ্যা পদ্ধতি , ভিত্তি ১০ (base 10) দিয়ে গড়া সংখ্যা পদ্ধতি।
দাদু প্যারাডক্স , অতীতে গিয়ে কিছু বদলালে কী হবে, এ ধরনের সময়ভ্রমণ ধাঁধা।
দিক , উপরে/নিচে, সামনে/পেছনে, ডানে/বাঁয়ে, ভবিষ্যৎ/অতীত, যে দিকে কিছু এগোয়।
দিক ঠিক করে চলা/পথ নির্দেশ করা , পথ ধরে এগোনো বা পথ নির্ধারণ করা।
দিন , সূর্যকে আকাশে "একই জায়গায়" ফিরে আসতে যে সময় লাগে (দৈনন্দিন হিসেবে)।
দিনের সময় , মধ্যরাত্রি থেকে কতটা সময় পেরিয়েছে।
দূরবীন/টেলিস্কোপ , দূরের জিনিসকে কাছের মতো দেখায় এমন যন্ত্র।
দেখো , উপগ্রহগুলো ব্যবহার করে আমরা কোথায় আছি তা জানায়।
দোলক , সামনে-পেছনে দোলে এমন ভার।
দোলক ঘড়ি , দোলকের নিয়মিত দোল ব্যবহার করে সময় রাখে এমন ঘড়ি।
ধসে পড়া/ভেঙে ভেতরে ঢুকে পড়া , ভেঙে পড়ে নিজের মধ্যেই গুটিয়ে যাওয়া।
ধারাবাহিকতা/কন্টিনিউম , বিরতি ছাড়া মসৃণভাবে চলতে থাকা এক ধারাবাহিক বিস্তার।
ধূপঘড়ি , ধূপ/সুগন্ধি কাঠি পোড়ার মাধ্যমে সময় মাপে এমন ঘড়ি।
ধ্রুব/অপরিবর্তনীয় , বদলায় না, একই থাকে।

নতুন চাঁদ/অমাবস্যা , চাঁদের এমন দশা যখন দৃশ্যমান অংশ সূর্যালোকে আলোকিত থাকে না।
নমনীয় , বাঁকানো/ঘোরানো যায়।
নাক্ষত্র দিন , পৃথিবী একবার পুরো ৩৬০° ঘুরতে যে সময় লাগে।
নিখুঁত , একদম ঠিক, ভুল নেই।
নিয়ম , যা সবসময় সত্য/প্রযোজ্য।
নির্ভর করা , একটার জন্য অন্যটা আগে ঘটতেই হবে, এমন সম্পর্ক।
নির্ভুল , একদম ঠিক, কোনো ভুল নেই।
নির্ভুলতার মাত্রা , কোনো কিছু "একদম ঠিক"-এর কতটা কাছাকাছি আছে।
পঞ্জিকা/ক্যালেন্ডার , দিন, মাস, বছর দেখানোর চার্ট।
পঞ্জিকাবর্ষ , ১২ মাস মিলিয়ে এক পুরো বছর।
পদার্থবিদ্যা , স্থান ও সময় সহ প্রকৃতির নিয়ম নিয়ে বিজ্ঞান।
পরমাণবিক , পরমাণু-সম্পর্কিত।
পরমাণু , পদার্থের অতি ক্ষুদ্র অংশ; মাঝখানে কেন্দ্রক (প্রোটন-নিউট্রন) আর চারপাশে ইলেকট্রনের মেঘ।
পরমাণু ঘড়ি , সিজিয়াম-১৩৩ পরমাণুর কম্পন ব্যবহার করে সময় রাখে এমন অত্যন্ত নিখুঁত ঘড়ি।
পরমাণুর শক্তিস্তর , ইলেকট্রন কেন্দ্রক থেকে নির্দিষ্ট দূরত্বে "স্থির স্তর"-এ থাকে; বেশি শক্তিস্তর মানে আরও দূরে।
পরিণাম/ফলাফল , কোনো কিছুর কারণে যা ঘটে।
পরীক্ষা/প্রয়োগ , কোনো বৈজ্ঞানিক ধারণা যাচাই করতে পরিকল্পিতভাবে করা কাজ।
পর্যবেক্ষণ , পর্যবেক্ষণের কাজ বা একবার পর্যবেক্ষণের ঘটনা।
পর্যবেক্ষণ করা , মন দিয়ে দেখা/লক্ষ করা।
পূর্বানুমান করা , জানা তথ্য থেকে কী হবে তা বলা।
পূর্বানুমেয় , আন্দাজ করা যায় কী হবে।
পোলারিস/ধ্রুবতারা , উত্তর আকাশের উজ্জ্বল ধ্রুবতারা।
প্যারাডক্স/বিসংবাদ , এমন ধাঁধা যেখানে দুটো কথা সত্য মনে হয়, কিন্তু দুটো একসাথে সত্য হতে পারে না।
প্রকৃত উত্তর , পৃথিবীর উত্তর মেরুর দিকে সরাসরি নির্দেশ করা দিক।
প্রবাহিত হওয়া , মসৃণভাবে এগোনো।
প্রভাব ফেলা , পরিবর্তন ঘটানো বা কোনো প্রভাব সৃষ্টি করা।
প্রভাব/প্রভাবিত করার ক্ষমতা , কোনো কিছু ঘটাতে বা বদলাতে সক্ষমতা।
প্রমাণ , শক্ত প্রমাণ/প্রমাণসামগ্রী।
প্রসারণ/টেনে বাড়ানো , কিছু টেনে লম্বা/বড় করে দেওয়া।
প্রাকৃতিক আইন/নিয়ম , প্রকৃতির এমন নিয়ম যা বদলায় না।
প্রিফ্রন্টাল কর্টেক্স , মস্তিষ্কের সামনের অংশ; স্মৃতি ও সিদ্ধান্তে সাহায্য করে।
ফল/প্রভাব , কারণের ফলে যা ঘটে।

ফেরানো যায় এমন , আগের অবস্থায় ফিরিয়ে নেওয়া সম্ভব।
বছর , পৃথিবী সূর্যকে একবার প্রদক্ষিণ করতে যে সময় লাগে।
বর্তমান/এখন , এই মুহূর্ত।
বল , টান বা ঠেলা দেওয়ার শক্তি।
বসন্ত , আবহাওয়া গরম হতে শুরু করে এমন ঋতু।
বসন্ত বিষুব , বসন্তের এমন দিন যখন দিন-রাত প্রায় সমান।
বহুবিশ্ব , একই সাথে অনেক মহাবিশ্ব থাকতে পারে, এই ধারণা।
বালিঘড়ি , ছোট ছিদ্র দিয়ে বালি পড়ে সময় মাপে এমন যন্ত্র।
বিকৃত হওয়া/বেঁকে যাওয়া , আকার বেঁকে বা মোচড় খেয়ে বদলে যাওয়া।
বিগ ক্রাঞ্চ তত্ত্ব , মহাবিশ্ব ভবিষ্যতে আবার নিজের মধ্যে ভেঙে/ধসে পড়তে পারে, এই তত্ত্ব।
বিগ বাউন্স তত্ত্ব , মহাবিশ্ব একদিন ধসে পড়ে আবার নতুন করে শুরু হতে পারে, এই ধারণা।
বিগ ব্যাং তত্ত্ব , মহাবিশ্ব শুরু হয়েছিল খুব ছোট, খুব গরম, খুব ঘন এক অবস্থায়, এই ধারণা।
বিচ্ছিন্ন/খণ্ড খণ্ড , আলাদা আলাদা অংশে গঠিত, অংশগুলোর মাঝে ফাঁক আছে।
বিষুব , দিন ও রাত প্রায় সমান দৈর্ঘ্যের দিন।
বেসাল গ্যাংলিয়া , মস্তিষ্কের এমন কোষ/অংশ যা বিভিন্ন অংশের কাজকে যুক্ত করতে সাহায্য করে।
বৈজ্ঞানিক মানদণ্ড , মাপজোকের এমন মান যেটাতে সবাই একমত।
ব্যাখ্যা/ব্যাখ্যার ধরন , কোনো বিষয় বোঝানোর নিজের পদ্ধতি।
ব্লক টাইম তত্ত্ব , অতীত-বর্তমান-ভবিষ্যৎ সব মুহূর্ত একসঙ্গে "আছে", বদলায় না, আমরাই শুধু ধরে ধরে অনুভব করি, এমন ধারণা।
ভবিষ্যৎ , যা এখনও ঘটেনি।
ভর , কোনো বস্তুর মধ্যে কতটা পদার্থ আছে।
ভারসাম্য/সমতা , সমানভাবে থাকা, বা ন্যায্যতা/সমতা।
ভিত্তিগত গঠন/অন্তর্গঠন , ভেতরের "মূল কাঠামো" বা ভিত্তি।
মহাজাগতিক , মহাবিশ্ব-সম্পর্কিত।
মহাজাগতিক রশ্মি , মহাকাশ থেকে আসা ক্ষুদ্র, দ্রুতগতির শক্তির কণা/রশ্মি।
মহাজাগতিক স্ট্রিং , প্রাচীন মহাবিশ্ব থেকে "লম্বা-পাতলা শক্তিশালী অবশিষ্ট" থাকতে পারে, এমন একটি (এখনও তত্ত্ব) ধারণা।
মহাজাগতিক স্ফীতি , বিগ ব্যাং-এর পরপরই মহাবিশ্ব ভীষণ দ্রুত বড় হয়েছিল, এই তত্ত্ব।
মহাবিশ্ব , যা কিছু আছে, সবই।
মাত্রা , এক ধরনের দিক। স্থান এর ৩টি মাত্রা; সময়কে আরও একটি মাত্রা ধরা হয়।
মাধ্যাকর্ষণ , ভরযুক্ত বস্তুগুলোর মধ্যে টানের বল।
মানক/স্বীকৃত , সাধারণভাবে গৃহীত পদ্ধতি/রীতি।

মাপা/পরিমাপ করা , কত বড়/কত লম্বা/কত সময়, তা নির্ণয় করা।
মাস , ২৮ থেকে ৩১ দিনের সময়-একক।
মিউন , ইলেকট্রনের মতো এক ছোট কণা, কিন্তু আরও ভারী।
মিনিট , ৬০ সেকেন্ড; এক ঘণ্টার ১/৬০ অংশ।
মোমবাতির ঘড়ি , পোড়ার সাথে কতটা সময় গেল তা দেখানোর জন্য দাগ টানা মোমবাতি।
যথার্থ/খুব নির্ভুল , একদম ঠিক, ভুল নেই।
যমজ সময় , কল্পপরীক্ষা: যমজের একজন দ্রুতগতির মহাকাশযানে গেলে কী হয়, এই ভাবনা-পরীক্ষা।
যান্ত্রিক ঘড়ি , গিয়ার, স্প্রিং, বা ওজন দিয়ে চালিত ঘড়ি।
রশ্মি , একটা বিন্দু থেকে নির্দিষ্ট দিকে ছুটে যাওয়া রেখা/আলো/শক্তি।
রেডিও , শব্দ সংকেত পাঠায় বা গ্রহণ করে এমন যন্ত্র।
রৈখিক সময় , সময় অতীত থেকে ভবিষ্যতের দিকে সোজা পথে চলে, এই ধারণা।
লিপ সেকেন্ড , পৃথিবীর ঘূর্ণন/সময়-ধারণার সাথে মিল রাখতে যোগ করা অতিরিক্ত এক সেকেন্ড।
শরৎ বিষুব , সেপ্টেম্বরের এক দিন, যখন দিন-রাত প্রায় সমান।
শরৎ/অটাম , ঠান্ডা পড়তে শুরু করে এমন ঋতু।
শর্ত , অন্য কিছু ঘটতে/থাকতে যে জিনিস আগে থাকা দরকার।
শীত , বছরের সবচেয়ে ঠান্ডা ঋতু।
শীত অয়নান্ত , বছরের সবচেয়ে ছোট দিন।
শেষমেশ/কখনও না কখনও , ভবিষ্যতের কোনো এক সময়ে ঘটবে।
ষাটভিত্তিক , ভিত্তি ৬০-এ গড়া সংখ্যা পদ্ধতি।
সংজ্ঞা দেওয়া , কোনো কিছুর অর্থ/মানে বলা।
সনাক্ত করা/খুঁজে পাওয়া , কোনো কিছুর উপস্থিতি খুঁজে বের করা।
সপ্তাহ (week) , টানা সাত দিন।
সমন্বয়/সংশোধন , কোনো কিছুকে চাই মতো করতে বদলানো।
সমমিত , দুই পাশে একই রকম দেখায়।
সময় , অতীত থেকে বর্তমান হয়ে ভবিষ্যতের দিকে প্রবাহ।
সময় প্রসারণ , কিছু পরিস্থিতিতে (দ্রুত গতি/প্রবল মাধ্যাকর্ষণ) সময় ধীরে চলে।
সময়-ব্যবধান , নির্দিষ্ট পরিমাণ সময়।
সময়ভ্রমণ , অতীত বা ভবিষ্যতে যাওয়ার ধারণা।
সময়ভ্রমণ প্যারাডক্স , অতীত বদলালে কী হবে, এ ধরনের ধাঁধা।
সময়মাপক , সময় মাপার যেকোনো জিনিস/যন্ত্র।
সময়রেখা , ঘটনাগুলোকে সময়ক্রমে সাজানো তালিকা।
সময়ের তীর/সময়ের একমুখী দিক , সময় যে শুধু সামনে এগোয়, পেছনে নয়, এই ধারণা।
সময়ের বি-তত্ত্ব , অতীত, বর্তমান, ভবিষ্যৎ, সবই একইভাবে বাস্তব; "এখন" বলে যা লাগে, সেটা আমাদের অভিজ্ঞতার ধরন, এই ধারণা।
সমলয় করা/সিঙ্ক্রোনাইজ করা , সময়ের হিসেবে মিলিয়ে নেওয়া।

সম্ভব , ঘটতে পারে।
সর্বদিকে , সবদিকে ছড়ানো/চলা।
সার্বজনীন , সবার/সব কিছুর জন্য প্রযোজ্য।
সার্বজনীন সময় , পৃথিবীর ঘূর্ণনের ওপর ভিত্তি করে বিশ্বব্যাপী ব্যবহৃত সময়।
সিজিয়াম-১৩৩ , পরমাণু ঘড়িতে ব্যবহৃত সিজিয়ামের এক বিশেষ রূপ।
সিমুলেশন হাইপোথিসিস , আমাদের পুরো পৃথিবী হয়তো কম্পিউটার সিমুলেশন, এই ধারণা।
সিমুলেশন/অনুকরণ মডেল , বাস্তব জিনিসের মডেল বা কপি করে দেখানো।
সূর্যঘড়ি , সূর্যের ছায়া দিয়ে সময় বলে এমন যন্ত্র।
সেকেন্ড , এক মিনিটের ১/৬০ অংশ।
সেরিবেলাম , মস্তিষ্কের অংশ, যা চলাফেরা ও ভারসাম্যে সাহায্য করে।
সৌর , সূর্য-সম্পর্কিত।
সৌর চক্র , পৃথিবীর সূর্যকে ঘিরে কক্ষপথের কারণে হওয়া পরিবর্তনের চক্র।
সৌরদিন , এক সূর্যোদয় থেকে আরেক সূর্যোদয় পর্যন্ত সময়।
স্কেল/মাত্রা , কত বড় বা ছোট, মাপের পরিসর।
স্ট্রোব আলো , খুব দ্রুত অন-অফ করে ঝলকায় এমন আলো।
স্থান , তিন-মাত্রিক ক্ষেত্র, যেখানে সবকিছু আছে।
স্থান-কাল , স্থান আর সময়কে একসাথে ধরা বড় ধারণা।
স্ফটিক , পরমাণু নিয়মিত ও পুনরাবৃত্ত প্যাটার্নে সাজানো গঠন।
হাইজেনবার্গের অনিশ্চয়তা নীতি , কোয়ান্টাম পদার্থবিদ্যায় একই সাথে কণার ঠিক অবস্থান ও ঠিক বেগ জানা যায় না।
হার/গতি , কত দ্রুত বা ধীরে।
হেলানো/তির্যক , একদিকে ঢলে থাকা।

ডেভিড ই. ম্যাকঅ্যাডামস-এর অন্যান্য বই

সংখ্যার পরিচিতি

আন্নার ঋতুগুলি – এক ঋতু ও এক সংখ্যা করে পৃথিবীকে অন্বেষণ করো!

এলিয়েন নাম্বার বই, ড্রাগন নাম্বার বই, এলভিশ নাম্বার বই – মৌলিক সংখ্যার ভ্রমণ—আনন্দময় ও শিক্ষামূলক—চমৎকার সব ছবিতে প্রাণ পেয়েছে।

কার্যক্রমের বই

গোলকধাঁধার বাহার! - ধাঁধাঁপ্রেমীদের বিনোদন, চ্যালেঞ্জ, আর আনন্দ দেওয়ার জন্য ২৪১টি গোলকধাঁধার শ্বাসরুদ্ধকর সংগ্রহ।

রঙের পরিচিতি

তোতাপাখির রং, ফুলের রং, মানুষের রঙ, রাজকীয় রং – মহাবিশ্বের উজ্জ্বল বর্ণচ্ছটায় এক মনোমুগ্ধকর যাত্রায় বেরিয়ে পড়ো।

জ্যামিতি

আমার প্রিয় ফ্র্যাক্টালগুলি – গণিতের সৌন্দর্যের এক দৃশ্য-উৎসব।

গণিতের তত্ত্ব

সংখ্যা – সংখ্যা বলে দেয় কতটি, কতটা লম্বা, আর কতটা দূর—পৃথিবীকে বুঝতে আমাদের সাহায্য করে।

যা কিছু থেকে বড়? (অসীম) – কল্পনাকে টেনে নিয়ে যাও একেবারে অসীম পর্যন্ত!

পাটিগণিত

ওয়ান পেনি, টু – "এটা এক জাদুর বাক্স। তুমি যদি বাক্সে একটি পেনি রাখো এবং একটাও না বের করো, তবে প্রতিদিন তা দ্বিগুণ হবে।" জেরি কি সবুজ রূপান্তরযোগ্য স্পোর্টস কারের জন্য যথেষ্ট সঞ্চয় করতে পারবে?

প্রেরণাদায়ক বই

যদি আমার একটি দৈত্য থাকত – দৈত্যরা হলো সেই মানুষদের প্রতীক, যারা শিশুদের ভালোবাসে ও তাদের সঙ্গে মিশে থাকে—পরিবারের জীবন শেখায়।

জিনিয়াসের মতো ভাবো! – ইতিহাসের উজ্জ্বল বিজ্ঞানীদের সঙ্গে পরিচিত হও—তাঁরা কী আবিষ্কার করেছিলেন শুধু তা নয়, তাঁরা কীভাবে ভাবতেন সেটাও জানো।

বিজ্ঞান

সময়টা একেবারে অদ্‌ভুত! – সময়-ভ্রমণ থেকে শুরু করে টিকটিক করা পরমাণু পর্যন্ত—এই মজার বই দেখায়, সময় মহাবিশ্বের সবচেয়ে অদ্‌ভুত বিস্ময়গুলোর একটি।

সর্বশেষ বইয়ের তালিকার জন্য ভিজিট করুন
https://lifeisastoryproblem.tripod.com/aauthor/bengali.html।

www.ingramcontent.com/pod-product-compliance
Lightning Source LLC
Chambersburg PA
CBHW050330210126
38489CB00009B/791
9781632709912